本书出版受中国人民大学“中央高校建设世界一流大学（学科）和特色发展引导专项资金”支持

城市非正规性：起源、演变和治理

Urban Informality: Orgins，Changes and Governance

张 磊 著

中国建筑工业出版社

图书在版编目（CIP）数据

城市非正规性：起源、演变和治理 / 张磊著．—北京：中国建筑工业出版社，2018.5
ISBN 978-7-112-22054-0

Ⅰ．①城… Ⅱ．①张… Ⅲ．①城市管理—研究 Ⅳ．①C912.81

中国版本图书馆 CIP 数据核字（2018）第 065363 号

责任编辑：陈海娇 李 鸽 周方圆
责任校对：李欣慰

城市非正规性：起源、演变和治理
张 磊 著
*
中国建筑工业出版社出版、发行（北京海淀三里河路 9 号）
各地新华书店、建筑书店经销
北京点击世代文化传媒有限公司制版
北京京华铭诚工贸有限公司印刷
*
开本：787 × 960 毫米 1/16 印张：14 字数：190 千字
2018 年 5 月第一版 2018 年 5 月第一次印刷
定价：59.00 元
ISBN 978-7-112-22054-0
（31949）

自序

本书是我过去研究中国城市非正规性成果的阶段性总结，主要呈现给读者关于当前城镇化过程中一些难以回避的问题——城市非正规性的理解。

对于非正规性研究兴趣的起点，最初源于我博士论文调研时的一些困惑：为何看似合理的城市规划最终无法实施？为何长期以来，违章的土地开发可以在城市中长期存在？自理性主义以来，城市规划所秉承的基本原则是理性、科学，为何这些原则在现实中往往被摒弃，所形成的规划成果变成了“纸上画画、墙上挂挂”的摆设？如果说存在即是合理，那么这些违章土地开发背后的逻辑是什么？如果不了解这些非正规开发行为背后的逻辑，显然无法改变当前规划难以实施的困境。

自入职中国人民大学公共管理学院以来，非常受益于学院宽松的研究环境，学科多元的良好学术交流氛围，以及城市规划与管理学科带头人叶裕民教授的帮助，可以有机会继续从事这一方向的研究。期间研究领域从非正规的土地开发又拓展至非正规的空间使用，以及更广范围内非正规经济活动的估测与影响因素的分析。同时，我也有机会在北京、广州、深圳、东莞等地针对流动摊贩、非正规土地开发进行了系列的调研和访谈，从而更加深入地了解城市非正规性在不同城市、空间尺度和领域内的表现和内在逻辑。与此同时，过去十年中，国内外规划领域对于城市非正规性的学术讨论也日趋丰富。在国际上，城市非正规性研究已从传统的发展经济学领域拓展至城市地理学、城市规划、城市社会学、城市政治学等领域，并成为当前欧美规划理论中讨论的核心议题之一。规划界对于非正规性的认识也发生了重大转变，认为城市非正规性不仅在发展中国家普遍存在，在发达国家也屡见不鲜，并随着全球化和收入差距拉大等因素的影响，呈快速增长趋势。

在研究过程中，也非常得益于我指导的几位硕士研究生张延吉、姜怡名、苏雁扬、邓超源和本科生陈烨婷、李婉，以及共同参与项目的博士研究生王海龙、陈蛟等同学的帮助。在与他们的合作研究中，我学到的知识远比教授内容要丰富，通过与他们的交流和讨论，可以帮助我深入思考非正规性的不同维度、表现形式，以及影响非正规性背后的驱动因素，同时也为城市非正规性研究提供了丰富的实证内容和案例。本书在后期编辑中，也得到李怡、孙琳的帮助，在此也一并表示感谢。

本书中部分成果也已在国内外比较知名的期刊上发表，为增加可读性，本书也在原有成果基础上作了适当的深化和精减，去除掉一些纯定量的模型分析，增加了描述和说明。此外，针对不同类型的非正规经济活动，本书也添加了一些具体的案例，从而帮助读者更好地理解实践中非正规的经济活动和土地开发是如何进行的。本书是阶段成果的总结，更是研究的新起点，希望未来有更多的同仁致力于研究城市中未被揭示的“另一半”——城市非正规性。

于中国人民大学求是楼

目录

第 1 章

引言

2011 年是中国城市化进程中具有重要纪念意义的一年：经过改革开放之后 30 多年的经济高速发展和快速城市化后，城镇人口首次超过农村人口，达到 6.91 亿，占我国总人口数量的 51.27%[①]。未来这一趋势还将持续，城市或者城市地区将成为我国居民的主要工作和生活场所。中国城市化是城市发展历史的一个重要事件，不仅对中国的社会经济产生重大影响，同时也对全球的经济、社会格局产生深远影响。

在城市快速发展的同时，与之伴随的城市问题也日趋增多，所涉及利益关系也日趋复杂。在城市化率超过 50% 这一数字背后，需要反思一下城市化的质量，或者说我们居住、工作所在的城市是什么样的。这恰恰是传统西方城市化定义背后无法全面反映的内容，农村人口向城市集中，由以农业为主的第一产业向第二、三产业转型、以传统的血缘和亲缘关系为主向以契约和法规约束的社会转型来反映（黄宗智，2009）。而事实也证明，传统的经济二元论、三部门理论或者橄榄型社会与中国当前城市发展的实际状况仍存在较大差距。

当前，就城市而言，其形态和结构与改革开放之初计划经济条件下形成的以单位为基础，标准化的城市形态有很大不同，城市空间形态越来越多元化。既有基于现代主义的城市空间形态，例如高层住宅、快速交通路、地铁、大型商业中心和歌剧院等，同时也存在明显区别于现代主义的城市发展形态，城市中游荡的街边摊贩，掩映在现代化高楼中的城中村，以及地铁站附近接送乘客

① 中华人民共和国国家统计局网站：http://www.stats.gov.cn/tjsj/ndsj/2017/indexch.htm。

的三轮车等，则勾勒出城市中的另外一个世界。

国外的一些学者将这种现象概括为非正规城市发展（urban informality）①，以区别于西方现代主义的、基于正规市场和法律约束框架下的正规城市化（AlSayyad，2004；Roy，2005）。而部分国内学者将这种城市发展模式称之为“半城市化”（何为 等，2012；田莉 等，2011；2016；王春光，2006；郑艳婷 等，2003），“半城市化”概念最初是指在外国资本涌入、大都市辐射与扩散、乡村工业化等多种动力的复合作用下，在长江三角洲、珠江三角洲等区位和禀赋条件较好的农村地区，普遍发育形成的一种城乡土地利用混杂交错、社会经济结构急剧变化的、“似城非城”的过渡性地域类型。其中隐含一个假设，即处于非城市化和城市化的中间状态是一种过渡形态，可以将半城市化地区完全城市化，强调我国城乡二元体制的影响。但是，半城市化概念并不能全面反映经济全球化背景和政府管制理念对于非正规城市发展的影响，同时也不符合城市非正规性将长期存在的现实，事实上，城市非正规性已成为当前城市中不可分割的组成部分。非正规城市化（半城市化）产生的根源绝不仅仅是由农村转型为城市过程中二元体制所造成的差异，而是全球化背景下，城市政府为吸引资本，提高城市竞争力，采取过分强调市场竞争、弱化社会再分配机制所引起的贫富差距拉大所致，以及此社会问题在空间和经济活动上的体现。市场经济条件下，收入越来越向具有资金、知识和政治优势的阶层倾斜，这是市场经济条件下的一般规律，而当前基于新自由主义的管制方式弱化了政府收入再分配的职能，由此导致贫富悬殊扩大成为当前全球的普遍趋势。半城市化显然是具有明显中国特色的概念界定，或者说基于中国传统城乡二元制度下形成的中国式的非正规城市发展模式。

① 亦有很多国内学者翻译为非正式城市发展，在本书中“非正规”与“非正式”语义相同、相互通用。

非正规的城市发展并非我国独有，虽然各地方政府纷纷出台相关城市管理条例，并设置城市管理综合执法局等机构控制这些游离于正规城市化之外的经济行为，然而这些现象似乎从未从城市中消失，只是由一个地区转移到另外一些区域，或者由靠近市中心的地区向周边地区转移（叶裕民，2016）。社会空间是社会生产结果（Lefebvre，1984），城市空间结构是社会、经济的外在表现形式，非正规的城市发展亦有其内在逻辑性和合理性。忽略非正规城市发展研究，不仅难以全面、深入了解城市发展的内在动力机制，而且据此制定的政策和管制措施也难以消除非正规的城市化，反而会加剧城市内部各社会群体的空间分异，浪费政府行政资源（张磊等，2017；张延吉 等，2016）。

本章将从城市非正规性及其相关的基本概念，以及对其成因解释的理论流派两个方面来进行简要的梳理和剖析，最后，简要介绍一下本书的内容结构和章节概况。

1.1 城市非正规性

非正规概念最早起源于就业领域，原指正规经济部门之外的非正规部门（informal sector）从业者所从事的经济活动（ILO，1972）。后来鉴于很多正规部门也雇佣大量临时工作人员，因此形成了非正规经济（informal economy）概念，其内容不仅包括非正规部门从业人员，同时也包含正规部门雇佣的临时工作人员（ILO，2002）。而Castells 和 Portes 对于非正规经济的界定则更多从过程和关系视角，指生产或提供社会所需的产品和服务过程不符合法律规定，但是产品和服务本身并没有违反法律或者道德，同时指出非正规经济与犯罪经济有本质不同：前者只是过程不合法，例如非法营运出租车、没有牌照的街边摊贩、贫民窟的房屋等；而后者则是过程与产品均不合法，例如毒品、军火交易等（Castells等，1989）。

对于城市非正规性的讨论最早可追述至20世纪五六十年代，随着发展中国家大量农村人口涌入城市，发展经济学家刘易斯根据人口过剩条件下城市化道路提出传统农业和资本主义工业二元经济理论，总结人口流动和就业方式[①]（Lewis，1954）。1969年，Reynonds在此基础上提出传统农业、传统服务业、现代工业和政府供给服务四类就业模式，其中传统服务业包括街边经营、搬运工等无正规就业人员，并指出传统服务业在工业化初期具有提供就业的重要作用。

非正规部门概念正式提出始于国际劳工组织（International Labor Organization）1972年的报告《就业、收入和平等——肯尼亚》。该报告研究发现，当时肯尼亚城市主要现代企业都是资本密集型的外资企业，雇佣的人员数量非常有限，在城市中大量从业人员从事小规模的、自主经营企业，如街头摊贩——擦鞋匠、木匠、修理工等，或从事服务于现代企业的机器维修、建筑业、出租车等。因此，该报告“提出城市非正规和正规部门二分法，主要用来区别于传统农业和现代资本主义工业的二元划分方法……因为无论正规和非正规部门与传统农业产业相比都是现代的”（ILO，1972）。此后，在对非洲国家加纳的城市就业研究中，英国经济学家Hart根据获取报酬方式（是否具有长期稳定的工资收入）将就业分为非正规和正规收入就业机会，并进一步将非正规就业细分为合法就业和非法就业。同样，Hart的研究结果也证明非正规部门提供城市就业的重要作用，尤其是在大量农村人口涌入城市和通货膨胀时，非正规部门可以起到缓冲作用（Hart，1973）。而Mazumdar则通过与正规部门中受到法律保护的劳动市场相对应，将非正规部门界定为不受法律保护的劳动

① 发展中国家的经济发展基本上是一个减少过剩劳动力达到整合现代劳动市场的过程。传统农业部门就业工资长期处于较低水平，而现代资本工业部门则依靠资本投入、劳动生产率提高和规模扩张等吸纳越来越多的农村过剩劳动力，直至不再过剩而达到一个“转折点”。之后，劳动力处于稀缺状态，工资随之快速增长。

市场（Mazumdar，1978）。

国际劳工组织的非正规部门概念很快得到广泛传播，当然这很大程度上在于支持非正规部门发展的政策建议没有触犯富裕阶层利益，比较容易被其他国际组织和走中间道路的政府所接受（Bromley，2008）。但是，其对非正规部门的界定非常模糊，而且主要关注个体经济者，未考虑正规经济部门中的临时雇佣人员，但是后者在经济上同样也处于弱势地位，缺乏保障。

之后，随着拉美国家的快速城市化，对于拉美城市的研究极大地丰富和细化了城市非正规性的研究。关于非正规经济的研究在三个方面得以拓展：第一，深入分析非正规经济的内部结构和功能，研究发现从事非正规经济活动的主要是城市低收入阶层，他们如何被社会主流边缘化，以及如何形成特有的社会网络、信任机制，采用何种手段来使其经济活动在不受法律法规保护下可以持续进行（Alsayyad，2004；Roy，2005）；第二，非正规经济与正规经济的关系，即在发展特定阶段和情境下，二者到底是相互转化、此消彼长的关系，还是相互依托、共生发展的关系（Dokmeci，2006；张延吉 等，2014）；第三，非正规经济治理，即应该采用什么样的治理模式和手段来管理非正规经济，应当采取加强管制方式（严格执法、加强监控），还是应当采取放松管制的方式（诸如降低官方许可申请成本、划定特许经营区），这些治理方式对非正规经济活动及其空间分布会产生什么样的影响（Bromley，2000；Bromley et al.，2009；Johnson et al.，1998；Kus，2010；Friedman et al.，2000；张磊，2013）。

城市非正规性理论则是基于发展中国家的现实问题，对于传统西方现代主义的城市化理论所做出的修正，内容主要涉及非正规经济、非正规就业（从事非正规活动的社会群体）和非正规物质环境营造（非正规开发）（Turner，1962）。通过对于这三方面的研究，逐渐明晰发展中国家城市化过程中区别于传统西方工业化、现代化城市发展的经济活动模式、空间场所和社会群体。

自 20 世纪 90 年代开始，随着全球化，非正规经济现象在发达国家也开始广泛出现，并受到城市地理学、城市规划领域的关注。借鉴美国城市社会学家 Wirth 提出的“城市化作为一种生活方式”，Roy 也指出在当前全球化时代，“城市非正规性”也已经作为一种生活方式，渗透到当前的城市化进程中（Wirth，1938；Roy，2005）。而 Mukhija 和 Loukaitou-Sideris 在《美国非正规城市》一书中也指出，“当前已经有非常充分的证据显示非正规性是发达国家城市中不可分割的内在属性，而且非正规性仍在快速扩张”，而产生这种现象的原因也是综合的：全球化、管制放松和外来移民流入；当前的经济越来越不稳定，失业率上升；当前制度和管理方式难以满足日益复杂、多元化的城市管理需要（Mukhija et al.，2014）。所有这些因素都会影响或者映射到建成环境中，影响空间的利用和管制，对城市规划和管理提出更加严峻的挑战和需求。

然而，当前规划师和城市政策制定者仍然对城市非正规性缺乏足够认识，或者将其视为城市中边缘化、非主流的要素而刻意忽视，或者认为这些是不合法的行为而加以严厉管制，并试图取缔所有的非正规经济活动。1990 年代以来全球的城市实践说明，不管是在发达国家城市，还是在发展中国家城市，以上两种认识城市非正规性的思路都难以适应现实需要，规划师与政策制定者需要正视城市非正规性的存在，深入分析不同情境下导致其产生和发展的主要因素，从而制定合理的空间策略和政策措施对其进行合理管制和适当引导，使其更好地融入城市生活，尽可能发挥非正规经济活动的正面效应，抑制其对城市交通、居民生活、社会公平方面的负面影响。

1.2 非正规经济、非正规就业的界定与测度

非正规经济评估主要采用货币分析法、物量投入法、直接调查法和劳动力

市场法（周国富,1999）。其中,货币分析法主要适用于西方发达市场经济国家；直接调查法则主要适用于特定行业的非正规经济，或者已建立非正规经济普查制度的国家；劳动力市场法则先估计从事非正规就业人数，然后再根据其平均收入或平均增值间接推算得出非正规经济规模（胡鞍钢 等，2012）。国内学者目前普遍采用劳动力市场法来推算非正规经济规模，一方面非正规就业人数跨区域、跨年度的可比性强，另一方面，正规与非正规经济的产业链紧密相连，难以通过产值或增加值法明确区分（李经昌 等，2014）。

非正规就业测算主要采用问卷调查法、差值法和汇总法。由于我国尚未建立针对非正规经济的全国性普查，问卷调查法主要采用抽样调查，这就使得其研究结果由于样本代表性问题受到质疑（Chen，2013；吴要武 等，2006）；汇总法采取“岗位特征”与“单位特征”相结合的思路估测非正规就业规模（吴要武，2009；薛进军 等，2012），但在现有普查数据中，只有部分年份提供劳动者单位类型和就业身份信息，难以进行纵向比较；差值法应用比较普遍，主要采用全国统计年鉴数据，将全国城镇就业人员总数扣除国有、集体等正规部门的就业人数后得出非正规就业整体规模（胡鞍钢 等，2012；黄宗智，2013），但该方法目前仅用于全国非正规就业的总体规模估算，未细化至城市层面。总体而言，目前尚缺乏以城市为单元，系统估测城镇非正规经济规模的研究，这也限制了我国城镇非正规经济空间结构及其演变机制的深入分析。

1.3 非正规经济空间结构

20 世纪 90 年代以来，关注非正规经济空间结构的实证研究日益增多，从全球、国家、区域、城市、社区等不同空间层级，分析非正规经济空间分布，探索其和正规经济上的联系。在全球范围内，Buehn（2012）测算了

1999～2007年162个国家的非正规经济规模，得出非洲、南美、中东欧和东南亚等欠发达地区是非正规经济高发区域；Schneider（2011）通过实证得出欧盟国家中，城市化水平和经济发展水平相对较低的东欧和南欧国家非正规经济比例较高；Buehn（2011）对德国国内的分析，则得出在经济发达、政府政策执行力较强的区域，非正规就业所占比例也较低。但上述分析更多停留在城镇非正规经济规模的空间结构描述上，未能深入分析其形成机制。虽然在理论上，非正规经济可以通过销售网络、原料供给和服务外包等形式嵌入正规经济（Portes et al.，1987），但在实证研究中，各行业非正规经济是否存在明显集聚，以及其与正规经济在空间分布上是否存在关联，仍未有明晰结论（Moreno，2012）。

国内城市空间结构研究成果颇丰（薛德升 等，2014），但对于城镇非正规经济空间结构的研究，则源起于市场经济改革所引起的城市社会结构变化和空间分异（顾朝林 等，1997；李志刚 等，2006；魏立华 等，2005），此后，开始有研究聚焦于城市的非正规经济部门（如制造业、流动摊贩、非正规职业中介）和非正式外来人口聚集区（如城中村）（薛德升 等，2010；夏丽丽 等，2012；庞玉琦 等，2012；薛德升 等，2014；张磊，2013；张延吉 等，2014；魏立华 等，2005）。夏丽丽等（2012）的调查显示，城中村中同行业的非正规制造业部门在空间分布上相对集聚，并认为是由关系邻近和地理邻近所致，而薛德升和黄耿志（2008）则认为，宽松的政府管制环境、廉价的住房市场和良好的区位是非正规部门在城中村集聚的主要原因。此外，非正规就业与正规就业在空间上的关联也在部分实证研究中得到佐证（薛德升 等，2014；夏丽丽 等，2012）。如薛德升等（2014）通过广州狮岭镇皮具产业的案例研究得出正规经济与非正规经济之间存在密切关联，正规企业为降低成本而采取的生产分包模式是非正规部门形成的主要因素。国内微观层面城市内部非正规经济空间结构案例研究成果丰富，但是对于中观层面城市之间非正规经济与正规经济空间联系的研究相对缺乏。

1.4 非正规经济的成因解释：城市化、全球化和政府管制

随着全球城市化进程推进，围绕城市非正规经济理论解释形成了二元主义、新自由主义、新马克思主义等理论流派（Biles，2009；Williams，2013）。其中二元主义认为非正规经济是由于城市化过程中发展中国家的现代部门发展不足所致，随着工业化和城市化持续推进，非正规从业者将逐步被吸纳到现代部门中，非正规经济将会不断萎缩（Hart，1973；Lewis，1954）。然而，此后发展中国家实践证明，推进工业化和现代化并未使得非正规经济规模减少，不仅如此，非正规就业现象在发达国家中也逐渐蔓延，这使得二元主义理论备受质疑（Biles，2009；Portes et al.，1987），而此后部分实证研究亦发现，非正规经济与城市化之间并非线性关系，而是随着城市化率提高呈倒 U 形关系（Elgin et al.，2013）。

新自由主义学派则强调政府管制对于城镇非正规经济的影响，认为非正规经济是劳动者面对僵化制度与低效官僚而做出的理性选择，主张政府减少行政干预、降低正规经营成本（Soto，1989）。但部分国家在推行放松管制政策后，非正规经济规模仍持续上升（Roberts，2014）。鉴于此，Johnson et al.（1998）和 Friedman et al.（2000）通过实证得出政府绩效（如市场环境、腐败）比政府管制强度（如税收、正规就业门槛）对城镇非正规经济的影响更显著，因此政府仅通过放松管制并不能减少非正规经济规模（Kus，2010）。

在全球化背景下，城市化进程与全球范围内的产业分工与布局深度融合，新马克思主义理论批判了二元主义分离观，指出非正规经济已成为资本积累中的必要部分，与城市正规经济同步发展，而非彼此替代（Portes et al.，1989）。

伴随着经济外向性水平的提高、企业间竞争的加剧以及劳动力成本的上升，生产外包、弹性就业等非正规就业形式也会随之增加（Carr et al，2001；Karlinger，2009），在依靠劳动密集型产业的边缘型国家和区域，与全球生产网络深度融合会促进城镇非正规经济发展（Roberts，2014）。

由于我国特殊的制度环境和城镇化轨迹，国内早期研究主要从市场转型和户籍制度分析城镇非正规经济成因，尤其关注从事非正规就业的下岗工人、外来农民工等重要社会群体（胡鞍钢 等，2006；李强 等，2002）。随着我国城市经济、劳动力、资本与国际交流日益频繁，李志钢等（2008）通过广州黑人社区的案例研究，描述了受全球化影响下的跨国移民群体社会空间结构；黄耿志等（2013）和张延吉等（2014）则通过流通摊贩的案例分析得出地方政府管制对城市内部非正规经济经营活动的影响；李金昌等（2014）则以我国 2000 ~ 2012 年 30 个省份的面板模型证实贸易开放对非正规就业具有带动作用，而增加物质资本和人力资本投资会降低贸易开放对非正规就业的带动作用。但整体而言，仍缺乏在全国范围内、以城市为分析单位的，关于城市化、全球化和地方政府管制对我国城镇非正规经济影响机制的系统分析。

1.5　本书的组织架构

国内外对于城镇非正规经济、非正规开发已进行了大量研究，但还存在一些不足之处，主要包括：第一，研究视角上缺乏以城市为单元的城镇非正规经济的规模、空间格局及其演变机制研究；第二，国外城市非正规性研究主要集中在拉美、南亚和东亚、非州地区，缺乏对于发达国家以及新兴经济体国家的研究，国内研究主要集中在珠三角区域，研究方法以案例分析为主，缺乏全国范围内城市尺度的非正规经济空间结构及其演进机制的整体研究；第三，理论上未能系统解释城镇非正规经济的形成机制，尤其是我国以经济增长为主要目标、以投资和出口为重要驱动力、地方政府介入市场的城镇化模式，在多大程度上影响城镇非正规经济规模和空间结构，对此仍缺乏系统分析；第四，对于普遍存在的非正规的土地开发，更多强调其违法特性，而忽略了其产生的制度转型、社会关系根源，难以解释为何在管制不断加强的情况下非正式土地开发行为仍然层出不穷。

基于以上问题，本书系统阐述了城市非正规性的基本概念、全球化和城镇化背景下非正规经济发展趋势和空间分布、非正规土地开发及治理等问题。全书主要内容大致分为两大部分：第一部分包括第二章至第四章，分别从全球、中国和典型城市三个维度来分析非正规经济活动的数量、规模、空间分布，以及影响其规模和空间分布的主要因素；第二部分包括第五章至第七章，主要分析我国的非正规土地开发，并从我国非正规土地开发规模、村集体土地上的非正规开发以及非正规开发的治理三个方面进行阐述。最后，在第八章，本书将从管制、治理与非正规经济，城市规划管理与非正规经济，以及城市日常管理与非正规经济三个方面提出启示和政策建议。

第2章

城市非正规性的演变与成因

虽然非正规城市发展的讨论要早于全球化议题，然而随着交通、信息技术的发展，资本、技术在全球范围内的流动增加了非正规经济的发展规模，非正规经济和环境也日益多样化，城市非正规性不再局限于发展中国家低收入者改变居住环境的自建行为或者在非正规部门的低收入者，而是蔓延至正规经济部门，以及发达国家的城市中，成为全球性现象。现在，城市非正规性已经成为当前大都市的普遍现象，所不同的只是具体的存在形式、程度和治理模式（Roy，2005）。

那么全球非正规经济的演变趋势呈现什么样的特征？影响全球非正规经济规模、构成和比例的主要因素是什么？在日益密切联系的城市体系中，一个国家在网络化的结构中所处的位置对非正规经济的发展会产生什么样的影响？基于以上问题，本章将系统回顾全球非正规经济演变的趋势，分析影响非正规经济的可能因素，最后以国际投资网络为主要依据，分析一个国家在世界城市网络中的位置对其国内非正规经济的规模所产生的影响以及影响机制。

2.1 非正规经济的演变趋势

当前城市非正规性在全球范围内整体呈现两方面的发展趋势。一方面，城市非正规性不再是发展中国家所独有现象，在发达国家城市，甚至处于全球经济中心地位的世界城市也已出现。兜售水果、纪念品和画像等非正规经济活动已成为纽约城市中心区的街头常态（Devlin，2011）；大量外国劳动者涌入成为非正规就业者，也已成为日本当前的重要社会问题（吉田邦彦，2009）。在美国，由于外来移民涌入和经济波动性增强，失业率上升，在德州与墨西哥交界地区，产生了大量违反规划和土地管理条例而修建的非正规住房社区，成为拉美裔移民集中居住的区域；在洛杉矶，由于住房价格高涨，住房可支付性较低，因此很多居民违反区划法令，将自有土地上的车库改造之后，出租给中低收入者（Durst et al.，2017；Mukhija et al.，2014；2015 Wegmann，et al.，2017）。

另一方面，在发展中国家，城市非正规性仍继续扩张，甚至成为一些大城市的主导力量（Dorman，2013 ；Kudva，2009）。继南美城市化浪潮之后，新一轮的城市化浪潮席卷南亚、东南亚和中东地区，非正规城市化现象在这些地区普遍存在，而且受地域文化和政治法律制度影响，其表现形式越来越多样化（Gazdar，2013；Roy，2009；Schindler，2013；Yeo，2011）。此外，学界也逐渐认识到，非正规城市化与正规城市化并非相互隔离、截然区分，而是相互依托、相互影响。非正规经济活动也非完全处于国家和政府管制之外，而是政府有意识的管制结果。

根据 Schneider 对于非正规经济比重的测度，研究建立数据库，该数据库共包括 1999 年至 2007 年，162 个国家的非正规经济比重（Schneider，2010），由于部分国家 2007 年数据缺失，本书只分析其中的 159 个国家。其中，非正规经济比重最小的是瑞士，非正规经济的比重占其国民生产总值的 8.5%；占比最高的则是玻利维亚，非正规经济的比重占其国民生产总值的 66.1%。一般认为，由于瑞士的税收较低、政府规模较小，除非是犯罪行为，国民没有必要隐藏自己的经营行为。而且瑞士的福利制度非常完善，准点下班和非营业时间不得经营也被正式写入法律，如果存在非正规经济现象，可能是外国移民在未获得许可的情况下从事餐饮服务或建筑工作。而近 20 年来，由于玻利维亚传统政党一味追求以市场为主的新自由主义经济模式，缺乏政府对市场的宏观治理，虽然从国家资本主义转向了开放的市场经济，但历届政府对社会公共服务投入乏力，大量的失业和城市移民流入了城市的非正规部门或自我雇佣；据国际劳工组织（ILO）数据显示，在20世纪90年代中期，拉美地区微型企业吸纳的劳动力占总就业人口的比重约为50%[①]。可见，研究样本中处于极端的两个国家中，其经济形态迥异。

在这159个国家中，非正规经济比重的平均值是33.4%，中值是33.6%。从区域格局来看，159个国家中有34个亚洲国家（①）、20个东欧国家（②）、25个国家属于拉美及加勒比海区域（③）、43个国家属于撒哈拉沙漠以南的非洲地区（④）、14个国家在中东和北非（⑤）、23个西欧和北美国家（⑥）。从均值来看，六个区域国家的非正规经济比重排序是：⑥<⑤<①<②<③<④（表2-1）。

全球分区域的非正规经济比重　　表2-1

区域	中值（%）	数量（个）	标准差（%）	最小值（%）	最大值（%）
①亚洲	29.6	34	13.1	11.0	58.0
②东欧	35.6	20	11.2	18.1	65.8
③拉美和加勒比海区域	40.2	25	12.2	19.3	66.1
④撒哈拉以南非洲	40.9	43	7.6	22.7	61.8
⑤中东和北非	25.3	14	7.9	14.1	37.2
⑥西欧和北美	18.1	23	6.3	8.5	28.0
整体	33.6	159	12.9	8.5	66.1

不同地区的国家一定程度上具有相似的经济社会文化等制度背景和国家发展历程，因此各地区非正规经济比重差异显著。但从各区域内部来看，处于同一区域的不同国家非正规经济比重也会有很大的差异。比如在亚洲，日本的非

① http://ilas.cass.cn/cn/xwzx/content.asp?infoid=11587.

正规经济比重仅为 11%、阿塞拜疆则达到 58%、泰国也达到了 50.6%。在西欧和北美，塞浦路斯非正规经济比重达到 28%，该国的居民享有高于欧洲其他国家的社会福利，税收体制简单、高效、透明，并且成为国际避税天堂。为何其仍拥有如此高比重的非正规经济，有学者认为是土耳其与北塞浦路斯的劳工自由运动（relatively free movement of labor between Turkey and North Cyprus）导致的[①]，非正规就业比重约占 35% ~ 40%。

2.2　非正规经济的影响因素

影响各个国家非正规经济比例的可能因素包括城市化率、经济发展水平、和政府管制强度等，本节将从这三个维度梳理既往研究中对于各国非正规经济比例的既有成果。

2.2.1　城市化率

从全球范围来看，城市化率较低的区域主要是拉美和撒哈拉以南的非洲，城市化率最低的国家只有 9%，拉美地区的平均城市化率较高，甚至超过东欧，这与拉美地区许多国家非正常的城市化进程有关。由中国社会科学院拉丁美洲研究所发布、社会科学文献出版社出版的《拉美黄皮书：拉丁美洲和加勒比发展报告（2013 ~ 2014）》中显示：2013 年拉美地区城市化率达到 80%[②]，但低经济增速导致“过度城市化”和“中等收入陷阱”，以及农业“二元化”、农村“边缘化”、农民“贫困化”现象明显。显然，这种不协调的城市化进程与欧美

① Besim M，Jenkins G P. Informal but not Insignificant：Unregistered Workers in North Cyprus[J]. Available at SSRN 897673，2006.

② http://finance.chinairn.com/News/2014/04/29/111848959.html.

等国家的城市化进程进行统一样本的分析，进而试图得到关于城市化率与非正规经济比重的规律性关系，其研究结果是值得商榷的。

2.2.2 经济发展水平

从人均 GDP 来看，世界银行对国家按照收入水平加以分组，2012 年，高收入、上中等收入、下中等收入的下限水平分别调整为 12615 美元、4086 美元和 1035 美元[①]。本节涉及国家的可得数据显示，处于高收入的国家有 43 个、上中等收入国家有 24 个，另外有 87 个国家处于下中等收入水平。相比于经济起飞阶段，从中等收入迈向高等收入所需要的改革更为艰难。为实现经济增长的动力机制转型，需要转变增长动力为创新驱动，提高劳动生产率；为实现社会发展转型，则需越过收入差距库兹涅茨倒 U 形曲线顶点，实现多元化、包容性的发展[②]。而这一进程，必然与非正规经济的治理有密切的关联。

产业结构来看，非洲地区非农化程度较低，农业占 GDP 比重平均达到 26.9%，远远高于其他国家。西欧和北美已经跨入服务业占主导的经济发展模式，这些地区服务业增加值比重最小的是 56.4%、最大的达到 83.0%。而撒哈拉以南的非洲国家，工业化比重还很低（平均 27%），中东和北非则达到 43.8%。在东欧，“影子经济”占 GDP 比重最高的是格鲁吉亚共和国（Georgia），独立后，格鲁吉亚出现了较长时期的经济危机，各部门经济发展不平衡，交通运输、通信、餐馆却维持较高的增长速度。2001 年，灰色经济成分占格鲁吉亚经济总量的 45%，68% 的商品贸易、63% 的餐饮业、50% 的建筑业和 40% 的工业生产都属于灰色经济。2007 年，该国“影子经济”的比例达到 72.5%。在亚洲，据世界银行统计，泰国的服务业比重（44.58%）和工业比重（44.74%）基本持平，

① http://www.bjnews.com.cn/finance/2014/08/26/331199.html.

② 刘培林 . 中国离高收入国家门槛有多远 [N].2014-04-28. http://opinion.caixin.com/2014-04-28/100671292.html.

非正规就业在总就业中已占了 52%，大量农业人口直接进入服务业（泰式按摩、街头食品）。产业结构显然不是必然导致经济非正规化的一种原因，只是提供了一种发展的背景，有可能从事非正规经济的机会和形成机制有所不同。

2.2.3　政府管制强度

经济自由化程度衡量了保护个人自由追求其经济利益，促进社会更加繁荣的基本制度情况，由商业自由度、劳动自由度、贸易自由度、财政自由度等共 10 个子指标构成。其中 80 ~ 100 分代表经济自由，70 ~ 79.9 表示基本自由，60 ~ 69.9 为中等自由，50 ~ 59.9 为基本不自由，49.9 分以下为被压制的。2014 年样本涉及国家的全球经济自由指数平均值为 61.47,其中有 6 个国家（地区）经济自由度在第一级，26 个国家为二级，49 个国家为三级，59 个国家为四级，18 个国家为五级，4 个国家没列入排名。中国香港和新加坡连续 3 年蝉联全球第 1、2 位，最低的是朝鲜。

从清廉指数（Corruption Perceptions Index）来看,呈现出明显的地区差异（图 2-1）。欧美国家政府清廉指数较高，其中北欧三国的清廉指数分列 1（并列）、3 位。拉美和非洲国家的清廉指数整体较低。但是在这些区域内，也有一些清廉指数较高的国家。在加勒比海地区国家中，海地的清廉指数最低（19）、其非正规经济比重达到 56.4%。非洲地区的津巴布韦清廉指数也很低（20），其非正规经济比重达到 61.8%。

从企业成本来看，不同国家之间的企业营商成本差异较大（图 2-2）。根据本研究采用的数据，塞拉利昂的营商成本非常高。而《2015 年营商环境报告》[①] 也指出，在 189 个经济体中塞拉利昂的排名是 140；与前沿水平相比仅达

① http://chinese.doingbusiness.org/data/exploreeconomies/sierra-leone/.

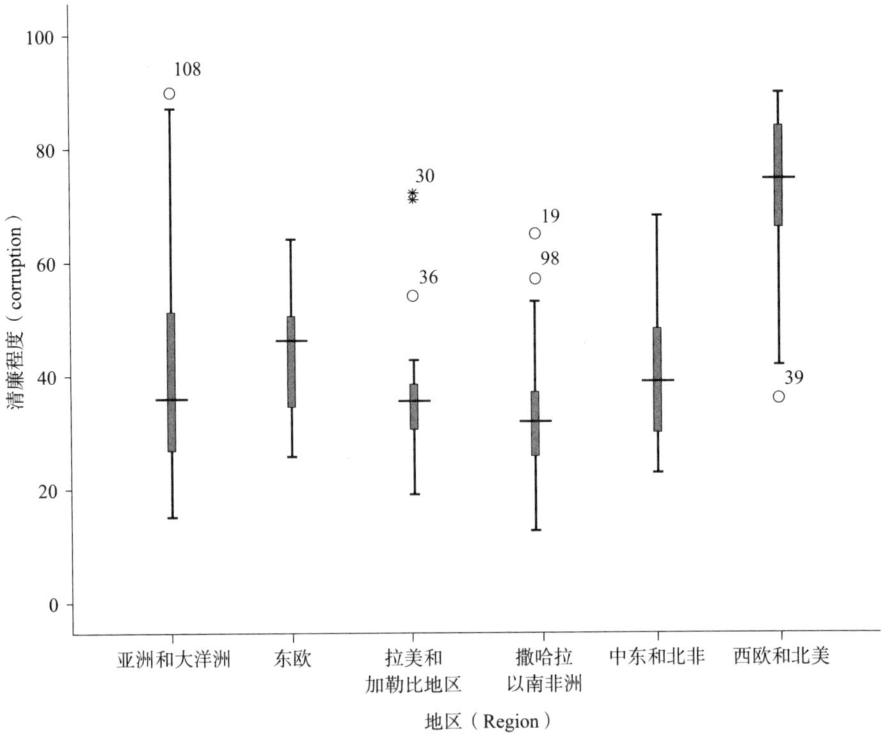

图 2-1 全球各主要区域经济清廉程度比较

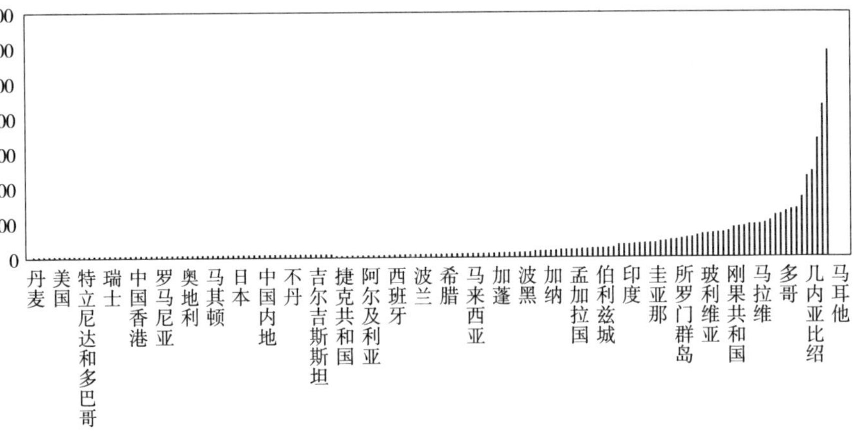

图 2-2 各国家和地区的营商成本比较

到 57.58%。企业营商成本（包括开办企业、办理施工许可证、登记财产、获取信贷、纳税、执行合同等）占国民收入的比重达到 37.9%。

根据相关分析，城市化率、产业结构、经济自由化程度、腐败、人均教育支出与非正规经济比重都具有高度的相关性。但同时，各控制变量之间存在两两相关性。此外，考虑到已有研究认为城市化率和非正规经济的关系呈倒 U 形，模型中引入城市化率平方用以检验其二次关系。在描述性分析中可以看出，拉美地区的城市化率水平异常，呈现“虚高”趋势，因此，模型中将国家所属区域（Region）作为虚拟变量进行分类讨论。

与既有研究相似，本节所采用的数据样本，也验证了非正规经济比重与城市化率之间的倒 U 形关系。在模型分析中，虽然其对非正规经济比重差异性的解释力度不高（R^2=0.282），但是城市化平方项（$urbanisation^2$）的系数显著性很高，表现出显著的负向关系。同时城市化率本身对非正规经济比重有正向影响，但并不显著，一定程度上表明城市化率有先增后减的影响趋势。在国别比较时，如前文描述性分析所示，不同国家的发展情景差异甚大，很可能许多国家呈现出异常化的城市发展过程，因此虽然数理模型得到了验证，该项结论的可信度仍需进一步考察。考虑到拉丁美洲的城市化进程异常，引入“是否是拉丁美洲”变量后，在排除拉丁美洲的情况下，其余国家的回归结果和整体结果基本吻合，而拉丁美洲本身则表现出城市化率水平和非正规经济比重之间没有显著关系，表明倒 U 形曲线的结果可能只适用于全球城市化发展进程正常的部分国家。

产业结构（农业产值比重、服务业产值与工业产值的比例）对非正规经济比重也有一定程度的解释力。回归模型结果显示，在农业产值比重仍然较高的国家，非正规经济比重相对较高，这是符合预期的，因为在经济发展的初期阶段，为了获得更高的收入，往往会形成城乡兼业或流动性就业，这也是许多国家非正规就业人群的主要来源。同时，模型表明，服务业产值相对越高的国家，非正规经济比重相对较小。这也是可以理解的，虽然服务业就业是非正规就业的重要“蓄水池”，但是非正规经济比重较高必然会限制经济的进一步快速增长，导致国民收入不能提高，服务业难以得到发展。因此，服务业产值比重较高的国家，往往已经迈入国民经济增长的良性循环。

回归分析也进一步支持了二元理论，虽然城市化率、城市化率平方、人均GDP和产业结构的各系数均显著。人均GDP越高的国家，非正规经济比重越低，但如前所述，这可能只是一种伴随性的结果。总之，二元理论对国家间非正规经济比重的差异解释力达到 R^2=0.353。

此外，新自由主义对于解释国家间差异具有适用性。经济自由化程度提高 1 个百分点，非正规经济比重将减少 0.656 个百分点。说明从跨国比较的视角来看，许多国家的非正规经济仍然受到政府管制的影响（R^2=0.279）。此外，结果也显示营商成本和政府清廉指数也具有很强的解释力（R^2=0.446），且系数相当显著。遗憾的是，如前所述，经济自由化程度与清廉指数相关性较强，因此将三个指标全部纳入分析后，系数显著性将明显降低。事实上，清廉指数单项指标就具有更强的解释力（R^2=0.425）。这与既有研究的观点也有类似，即政府管制绩效行为可能比税收的负担对于非正规经济比重更具有影响力。

FDI 与外贸占 GDP 的比重并不能很好地解释国家间的差异，虽然既有研究针对一国的历史性数据证实随着对外贸易的进一步开放，非正规经济比重有所增加。但这一规律是否体现在规模和比重上仍然有待考察，外贸依存度越高并不必然意味着非正规经济比重越高。这正是研究的核心变量所要解释的问题所在，即贸易多样化程度而非贸易规模，将更进一步地影响一国非正规经济比重。传统的外贸依存度指标（对外贸易占 GDP 比重），并没有考虑到国家深度融入世界贸易体系中的角色地位。

新马克思主义理论十分强调资本的流动性，认为发达国家将产业低端环节转移到发展中国家，利用其低廉的劳动力成本进行价值掠夺。这一观点的潜在含义是发展中国家的劳动力素质较低，还没有到达人力资本积累的阶段，由此导致了发展中国家在全球化竞争中处于不利地位,劳动者被迫从事非正规就业。研究也证实了这一观点（R^2=0.391），人均教育财政支出越高的国家，非正规经济比重越低。通过加大人力资本投资，可以有效减少非正规经济。

如前所述，本研究的模型表明，新马克思主义理论在解释非正规经济方面仍然存在局限性。主要体现在两个方面：没有考虑到国家在世界体系中的竞争力，以及人力资本差异所导致的国家间“资本剥削”的影响路径。从国际 FDI 网络结构而言，国家在世界网络体系中的核心度越高，其非正规经济的比重就越低。这说明，一旦国家进入了全球“资本积累”的圈层，就可以通过与多国形成贸易互动、吸引多样化的 FDI 来源，以增强在该圈层的竞争力，减小其国民被迫从事非正规经济的压力。同时值得注意的是，本节还同时分析了金融和制造业的 FDI 网络格局，并分别检视其与非正规经济比重的关系，研究结果显示制造业的 FDI 核心度越高，降低非正规经济的作用越明显，这是可以理解的，因为绝大多数由新马克思主义理论解释可覆盖的非正规经济都是由制造业 FDI 引起的。但是金融 FDI 核心度对国家间的差异解释力强于制造业 FDI 核心度。实际来看，已经进入核心圈层的国家，金融 FDI 核心度越高，从某种程度上反映出该国国民受教育程度较高。对于研究样本中的这些国家，可能金融 FDI 核心度并非导致其非正规经济减少的直接原因，但可以间接表明该国已经摆脱剥削期，进入人力资本积累期。

回归结果将国家在世界贸易网络中的位置进行分析，研究发现核心程度不同的四类国家存在显著性的差异。将城市化水平、城市化水平 2 次项、服务业比重、廉洁指数、商业经营成本、人均教育支出、贸易开放度、FDI 净流量全部纳入模型中作为控制变量后，核心程度不同的四类国家的差异依然是显著的，且核心国家的非正规水平最低，半核心国家次之，半边缘国家非正规经济较高，边缘国家所导致的非正规经济规模低于半边缘国家：边缘国家比一定程度融入世界投资体系的国家的非正规经济规模低，融入世界经济网络后，随着核心度的提高，国家非正规经济比重逐渐降低。其余控制变量中，二元理论的城市化水平和产业结构解释力不显著，仅作为控制变量；廉洁指数和商业经营成本显著影响国家非正规经济比重，证实了政府绩效而非政府管制是刺激非正规经济产生和治理非正规经济将其正规化的重要渠道。人均教育支出的影响系数同样显著，一方面反映了政府公共服务的提供水平，一方面符合新马克思主义劳动力成本理论。而贸易开放度、FDI 的净流入量的不显著，则显示出真正影响国家非正规经济规模的是投资结构和投资关系中的地位，而不是投资的绝对数量。

实证检验证实二元理论、新自由主义理论和新马克思主义理论的解释力，但同时模型也指出了新马克思主义的局限性。这些局限性与本研究所提出的假设紧密相关，本书认为新马克思主义核心要考虑的是，国家在世界体系中的位置，尤其是与其他国家之间的联系，而不仅仅是二元的资本输出国与 FDI 流入国。

2.3 全球网络下的非正规经济

2.3.1 全球化与世界城市体系

技术的进步与运输业的发展极大地压缩了时空距离，使得世界上某一个角落发生的行为与所做的决策得以迅速并显著地影响世界其他部分的人与事（Wiseman，1998）。这种广泛而迅速的联系改变了传统世界各国之间的合作方式与伙伴关系，打造了新的全球秩序，这种新的关系与新的秩序产生了一个新的概念框架：全球化（Akindele et al.，2002）。关于全球化背景下的国家发展，形成了“全球化超越论”、“全球化怀疑论”与“全球化转型论”（Held et al. 1999）这三种流派。

其中，超越论立足于经济角度，以及经济所产生的对政治和文化的影响力，把国家作为更强大的区域或全球网络体系中的中介机构，国家的自主权会受到跨国权利与社会、经济和政治等各类系统的影响。国家不得不量身定制自己的社会、经济政策来吸引更多的流动资本，甚至以人民的福利为代价来实现更多商业利益的欲求（Cerny and Evans 2004；Crouch，2004；Gray 1996）。

怀疑论认为不同国家间的经济发展路径依然存在巨大差异，全球化实际上只发生在发达的经济体之间，而没有涵盖全球所有国家，不是创造超越国家层面的新的世界秩序（Rupert，2000）。即使产生了一体化的跨国集群，这种一体化也是区域性的，而不是全球性的。Boyer 和 Drache（1996）推测在同一区域的国家会主动形成区域内的经济集团，在同一个区域的国家选择共同加强彼此间的社会和经济联系，来保护自己的区域利益（Boyer et al.，1996；Hirst et al.，1996；Ruigrok et al.，1995）。

转型论试图寻找全球化超越论和全球化怀疑论两种极端观点之间的平衡，将全球化视为政治和组织互动以及资本主义追求利益的副产品，并且是可以受到控制的（Castells，1996；Giddens，1990；Held et al.，1999）。

比较而言，超越论像是新马克思主义国际依附论的源头，而怀疑论则像是 Roberts（2014）对核心、边缘国家进行分类分析的依据。这象征着全球化的理论争议焦点指向了“关系格局”这一核心概念，虽然超越论和怀疑论在关于全球化进程中国家能力持相反态度，但二者都认为全球化中各国间的关系非常重要，强调一种“二元化侵蚀”、“组团性隔离”的国际格局。

传统世界经济格局研究主要是由西方主流学派提出的现代化理论，认为发展中国家通过在经济、社会、政治和文化的发展上模仿发达国家的经验就可以达到发达国家水平。但拉丁美洲得到政治主权的独立解放后，经济上仍基本依赖西方发达国家，这一事实使得一些学者开始质疑现代化理论的局限，进而提出了依附理论（Dependency theory）。即世界经济格局被分为两个圈层——中心和边缘结构，发展中国家由于处在经济格局的边缘地带，会不断受到处于中心的发达国家的剥削。

20世纪70年代，Wallerstein（1974）在依附理论的基础上，发展了世界体系理论，正式划分了“中心—半边缘—边缘”的世界经济结构。Wallerstein定义世界体系为多元文化的、地域性的劳动分工，用以生产和交换居民日常生活所需要的基本商品和原材料。这种劳动分工指的是世界经济作为一个整体，存在两个相互独立的区域——核心和边缘结构（Skocpol，1977）。核心和边缘国家之间是不平等的，核心成员会强制边缘的剩余价值流向核心，即不平等交易，最终形成资本在核心国家的积累Wallerstein（1974）。但是这个系统不是静态的，而是动态的，在这个体系中既存在冲突的力量把它们紧密地聚集在一起，也存在每个个体为寻求自己的利益而从中撕裂的趋势。Snyder和Kick（1979）基于框图建模法，利用四个政治、经济网络（国际贸易、外交、军事干预和条约），按世界体系三部分——核心、半边缘和边缘，把国家分成三类。随后每隔十年，Bollen等根据当下经济、政治发展情况对这一分类结果进行更新（Bollen，1983；Bollen et al.，1993）。

20世纪90年代中期以后，国际直接投资大幅增长，一定程度上改变了传统的分层结构。一方面，经济全球化的同时，经济体也开始寻找合作伙伴，通过对等、自愿地约束自己的部分权利，达成互利互惠的条约法规，实现共同发展与共同繁荣，这种小团体的自组织并非局限于每个分层内的国家之间，而往往是跨越分层自行结合的，这显然挑战了传统的核心—半边缘—边缘的分层结构。另一方面，全球化和信息化孕育了国家间的频繁互动，成为资本集聚复杂网络中的关键节点。Castells（1996）提出“流空间”（space of flows）的概念。他以城市作为研究对象，将城市看作网络中的节点，城市之间的互动是网络的边，提出城市的功能和地位由城市在网络结构中的位置和关系决定。从卡斯特尔（Castells）开始，城市体系从传统的分层结构转向网络结构。虽然国家和城市作为不同层面的经济单元，具备同样的网络节点的属性，因此，网络化的结构更能描述目前世界体系的结构，而不是绝对的层次关系。

2.3.2　网络化对世界城市的影响

全球化的理论指出了核心国家与边缘国家间关系引致非正规经济的成因，即发达国家通过分包外包的形式，降低劳动成本，获取发展中国家的剩余价值以实现资本在核心的积累。然而在探究 FDI 刺激发展中国家产生非正规经济机制的同时，对于 FDI 吸引能力对非正规经济的影响作用的认识是不足的：如果说 FDI 能够刺激非正规经济产生，那么是否意味着 FDI 会促使一个国家非正规经济规模增加呢？然而实际 FDI 投资的主要目的国仍然以发达国家为主，FDI 的投资形式也不仅限于追求廉价劳动力，因此现有新马克思主义对非正规经济的解释是有限的，仅仅解释了其产生机理，对非正规经济随后因 FDI 产生的变化则鲜有讨论，表明仅从“二元”的全球化理论角度来解释非正规经济比重是不够的。FDI 以一种吸引强度以外的方式影响非正规经济的规模。考虑到 FDI 是一种涉及双方属性的行为，FDI 的网络属性有可能对一国非正规经济有所影响。

另一方面，新马克思主义的局限在于其研究视角为发达国家对发展中国家的剥削，然而世界体系理论认为各个国家间的关系是一种网络型的，这与全球化怀疑论者有一定相似性：全球化的结果并不是极化的，也可能是区域化或集团化的。引入社会网络的分析方式，借鉴国际贸易社会网络的相关研究和实证表明，核心度是一个更适合描述国家在世界体系中地位的变量，它直接与国家在世界贸易中的话语权相关。结合前述关于全球化对非正规就业的实证研究，可以进一步认为：这种国际贸易体系中的地位，与该国企业在世界FDI和产品出口的竞争力有关。而既有研究认为非正规经济比重较大的国家，企业规模难以提升、对外贸易多样化程度低，最终降低该国的国际企业在对外贸易和FDI领域的竞争力。

同时，全球化理论认为“资本”的流动性导致了发展中国家被迫以非正规的形势吸引投资来与其他国家竞争。那么,对于处在世界体系边缘地带的国家，为了被纳入FDI网络体系而不得不为现已存在的网络成员提供好处，这种好处可能表现为降低劳动力成本、减免税收、放宽法律监管的形式，会间接带来非正规经济的规模扩大。而当一国被纳入FDI网络体系成为相对固定会员时，随着国家在世界贸易或FDI体系中的地位越高，或者在世界FDI体系中地位越高的国家，说明其综合竞争能力越强，相对而言能以更低的经济非正规化程度来获取FDI。

此外，市场交易合同意味着共同的义务，为保证这些义务得到尊重，交易双方必须享有对等的产权体系和声誉机制，平等的网络关系将不同的市场参与者联系在一起，帮助他们达成互惠互利的协议。边缘国家由于和世界其他国家的网络联系有限，基于自己狭隘的地域、社会和经济基础，某些情况下外资企业采取非正规的经济形式是迫于被投资国家制度设计不当，或者由于欠发达的产权制度造成的巨大的信息不对称所致（Fafchamps, 2004）。在这样的模式下，边缘国家进入世界网络体系是有障碍的，长期被世界网络体系隔离使得国家丧失许多发展的有利机会，进一步强化了融入网络体系的困难。一定的初始条件可以帮助发展中国家克服这种贫困的陷阱，在更广阔的网络范围建立社会资本或建立信任关系。根据社会网络的理论，网络中的位置和该国世界贸易中的信任有一定关联，可以认为在国际贸易网络中联系密切的国家，其在 FDI 和出口方面的国际信任更强。Portes（1993）认为正规经济具备“合法性”，即被承认、被认可、被接受，但非正规经济则相反。因此，在国际信任强的国家，有理由相信其非正规经济的比重更低。

本节通过分析 180 个国家的 FDI 网络，整体网络密度为 0.35。通过 UCINET 进行有向多值网络图分析后，得出如图 2-3 所示的全球 FDI 网络结构示意图，从图 2-3 中可以明显看出核心—半边缘—边缘的结构。利用 Pajek 进行圈层化处理，将国家分为三类，可以得到图 2-4 的结果。在中心国家，与其他国家的经济网络较为密切，其次是半边缘国家，而边缘国家往往只与少部分国家发生经济联系，难以形成贸易多样化。

然而，通过对 FDI 网络分析可以发现，这种中心—半边缘—边缘的结构体系和 Wallerstein（1974）在世界经济体系中所提到的单层级的中心—半边缘—边缘结构是不一样的。后者的结构体系是一种层状的“星形”结构，更加

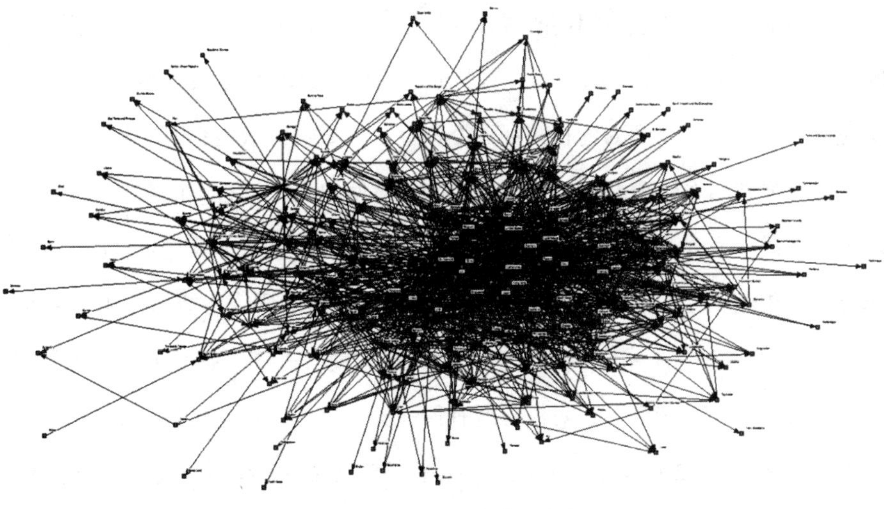

图 2-3　国际 FDI 网络示意图

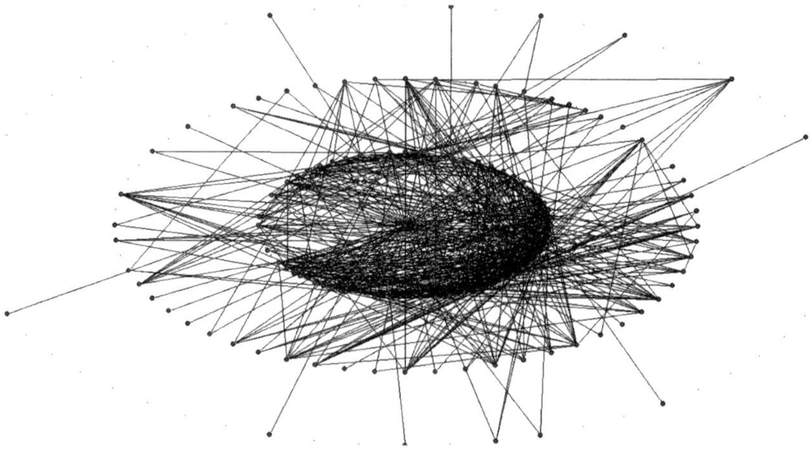

图 2-4　圈层化后的国际 FDI 网络结构示意图

复杂，这种星形结构上的节点的网络并非均匀分布，而是具有异质性的，核心、半边缘、边缘层之间的成员也存在活跃的连接，并且都有连接核心成员的倾向。

通过派系分析（Clique）进一步观察各成员之间的联系情况，则更能表现出这种“变态分层”的特征。“派系”是最大的完全子图，在派系点集中，任何点对之间都存在一条直接相连的线，并且不存在其他点与派系中的所有点都有联系。派系的最小规模为 3。通过对二元化后的 FDI 网络分析，当限定派系最小规模为 3 时，所得到的树状图如图 2-5 所示，图中显示核心国家和半边缘国家之间有强烈的派系重叠，然而半边缘国家之间也有不同程度的派系形成。当限制派系最小规模为 10 时，共有 78 个派系，核心国家基本参与了全部的派系集合，半边缘国家已经不能独立形成派系，也有更多的国家不能形成派系结构。

在 UCINET 中计算三个网络中成员的核心度。其中整体核心度的平均值为 0.045，中值为 0.016，表明核心度有很强的集中性。核心度最高的国家（地区）是美国（0.342）、英国（0.295）、中国香港（0.253）和新加坡（0.248）等，最小值为 0.000。FDI 吸收量和 FDI 投资网络核心度并不完全正向相关，收到

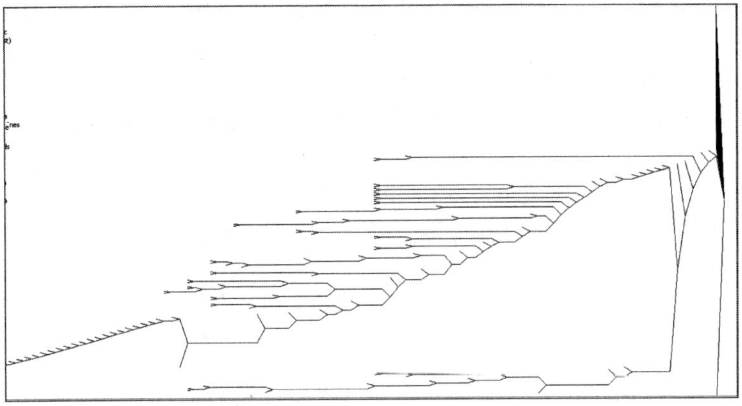

图 2-5　国际 FDI 派系分析树状图（派系最小规模 =3）

FDI 投资多的国家并非核心度就高。可以看到有许多国家集中在核心度 0.04 以下，FDI 小于 97 亿元以下，还有一部分国家在核心度高、FDI 量大的区间，此外，也有部分国家核心度大但 FDI 吸引量少，或者核心度小但 FDI 吸引量大（图 2-6）。

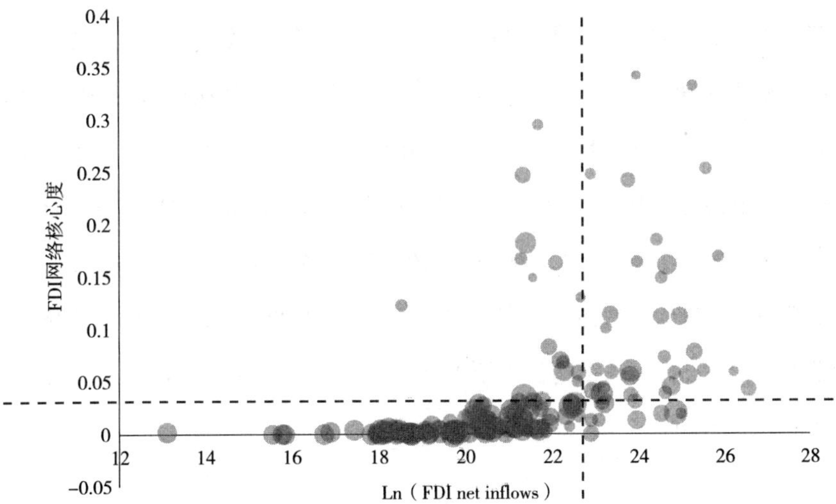

图 2-6　全球 FDI 投资中国家（地区）绝对吸引量和网络地位分布

如果分产业来看，其中金融 FDI 核心度平均值 0.040，中值为 0.003，表明其集中性的趋势非常明显，相比之下，制造业核心度的集中性就比较低，其平均值为 0.060，中值为 0.030。金融类 FDI 核心度最大值为 0.360，制造业 FDI 核心度最大值为 0.295，相比于金融业，制造业更为扁平。即在全球的 FDI 投资中，金融业方面的投资更容易集中在一些国家和区域。

此外，以所有 FDI 和制造业、金融业 FDI 分别计算各国在世界网络体系的核心度，具有很高的相关性，两类 FDI 的投资对象仍然以发达国家为主，可以看出全球范围内，制造业 FDI 投资也不仅仅局限于对低廉劳动力的追求，更多表现为以市场扩张、长期战略目的为主的投资策略。

对于核心度为 0 的国家，由于核心度的计算方式是将全部成员核心度正规化后使其平方和为 1，导致排名靠后国家的核心度非常小，近似于 0，对于这种国家，可以认为其尚没有进入世界体系的网络格局，还处于对外贸易的单线联系状态。这样的国家，还没有被整合进资本主义全球生产体系，即按照新马克思主义的理论，这种国家还没有产生“全球化资本的劳动力剥削”，所以这些国家的非正规经济比重（33.2%）要低于已经进入资本主义全球化生产体系的国家（40.05%）。进一步，通过方差分析检验，将核心度大于 0.1 的国家列为 I 组，核心度在 0.035 ~ 0.1 之间的国家列为组 II，核心度在 0.01 ~ 0.035 之间的国家列为组 III，小于 0.01 的国家列为组 IV，四组之间平均值差异在 0.1 水平上全部显著，其中 III、IV 组平均值在 0.004 水平上显著（表 2-2），基本可以判断没有进入世界体系国家的非正规经济规模低于边缘国家，说明随着国家进入全球生产体系后的地位不断提升，由边缘走向中心，非正规经济比重逐步降低（图 2-7）。

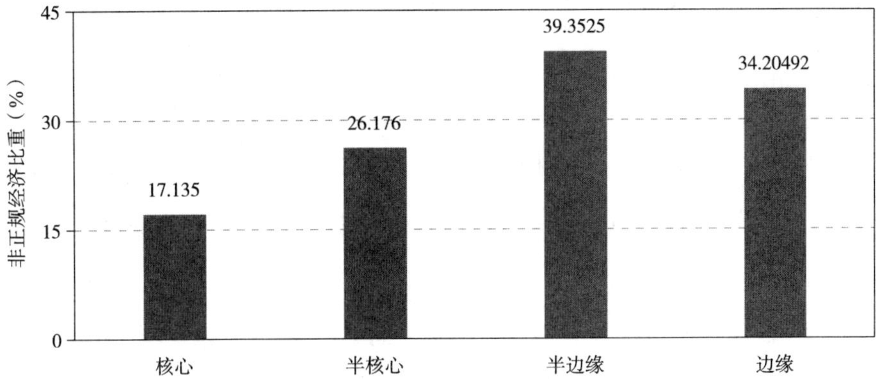

图 2-7　不同核心度区间的国家非正规经济比例

不同核心度区间的国家非正规经济比例比较分析　表 2-2

分组 I	分组 J	Mean Difference（I-J）	标准差	Sig.
核心	半核心	−4.9647*	2.7656	.075
	半边缘	−20.2294*	2.5172	.000
	边缘	−13.3818*	2.9194	.000
半核心	核心	4.9647*	2.7656	.075
	半边缘	−15.2648*	2.1429	.000
	边缘	−8.4171*	2.6036	.002
半边缘	核心	20.2294*	2.5172	.000
	半核心	15.2648*	2.1429	.000
	边缘	6.8476*	2.3381	.004
边缘	核心	13.3818*	2.9194	.000
	半核心	8.4171*	2.6036	.002
	半边缘	−6.8476*	2.3381	.004

注：* 代表显著性。

2.3.3 网络化对非正规经济的影响机制

向世界边缘国家的外商直接投资对非正规经济的发展的确有刺激作用，这与新马克思主义理论的主要观点是一致的，逐渐融入世界FDI投资网络的过程会刺激非正规经济的发生。但是，作用机制又是如何呢？可能的作用机制来自网络结构形成过程中的网络嵌入、网络动态发展过程中所产生的网络信任以及网络结构对其中主体追求利益和利益博弈过程的改造等。这个过程大致可以分为两个阶段：第I阶段，边缘国家以嵌入网络的方式进入全球体系中，在此阶段，非正规经济比例会呈现快速上升趋势；第II阶段，该国在全球体系中的地位进一步上升，由半边缘向半核心、核心深入融合，并逐步进入主导地位，在此过程中，非正规经济比例开始下降（图2-8）。

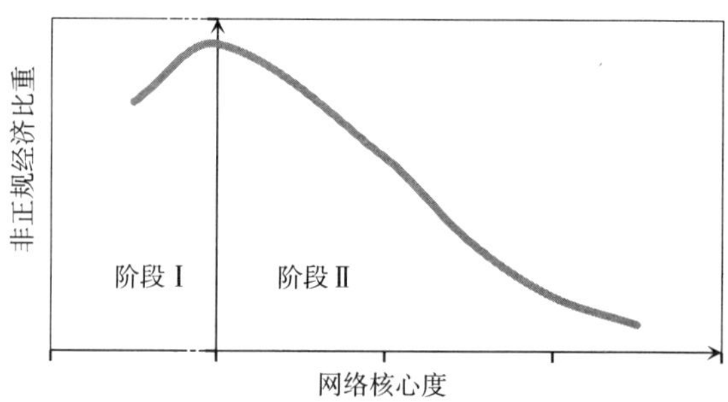

图2-8 非正规经济比重与网络核心度关系示意

在第I阶段中，边缘国家游离于全球网络，为了自身的发展开始试图融入全球网络中，这一阶段，非正规经济的比例开始逐渐上升。最先系统性分析社会资本概念的皮埃尔·布迪厄认为，个体通过与其他个体的联系，融入群体活动中来增加收益。因此网络的形成不是天然的，而是通过投资群体关系，建立制度化战略来构建，作为可靠的收益来源①。个体倾向嵌入网络是因为网络能

① 张文宏．社会资本：理论争辩与经验研究[J]．社会学研究，2003（4）：23-35.

够为其带来收益，同样，网络接纳个体的条件之一即是个体能够为网络中的其他成员带来收益。

在全球FDI网络中，未纳入或处于网络边缘的成员，由于自身为追求经济发展，创造就业岗位，具有吸引外商直接投资、提高国家总体竞争力、促进经济增长的动机。由于被FDI网络接纳的前提是具备比较优势，使其能够在和其他国家的竞争中胜出。对于边缘国家，考虑其相对落后的硬件设施和较低的人员教育水平，在全球劳动力分工中，边缘国家的优势在于其低廉的劳动力成本。外商投资也倾向于将附加值低的环节通过外包、分包的形式建立非正规的劳动关系。这种非正规经济帮助边缘国家更好地融入全球经济体系，成为生产网络中的一环。因此，其他情况不变的前提下，半边缘的国家比世界经济体系边缘或未进入世界经济体系的国家更倾向于有较高的非正规经济比重。

另一方面，通过对新马克思主义主要观点的解读，通过外包、分包形式产生的非正规经济是发达国家主动选择廉价劳动力的结果。然而网络关系是双边的，核心国家在向边缘国家投资时，边缘国家还不足以提供一个正规化的、契约性的投资环境，也不具备普遍认可的人才和技能认证体系，许多劳工招募也是通过劳动者之间的社会关系网络进行的,本身也是非正规的劳动力选择过程，核心国家为了规避风险，同样也倾向于建立非正规的劳动关系。加上在这一阶段，政府追求经济发展而倾向于保护外商利益，提供更多的优惠政策，而不是对劳动者的保护，更加纵容了非正规经济的发展。

而当国家已经进入全球网络中，并逐渐由半边缘向半核心和核心国家转变时，其非正规经济发展就进入第II阶段，这一阶段中，非正规经济的比例开始逐渐下降。

第一，建立和加强网络信任。从网络结构的视角分析，网络成员逐渐核心化后，个体之间开始建立信任机制。这种紧密的网络关系所带来的信任不同于传统的行政权力，是依靠制度化的契约达成共识、互信。因为在网络结构中，长期合作所带来收益可能大于短期利己主义所带来的收益，加上网络关系中，违背契约的信息会沿网络传递到其他成员，而非仅仅合作方一个成员，这种信任所带来的收益和破坏信任产生的惩罚机制强化各成员对网络的依赖，是对各方的一种规制要求，有助于形成规范的、正规化的活动。在全球 FDI 网络中，进入世界经济网络体系后，国家核心度越高，越倾向于建立正规形式的经济部门和就业关系。一方面，频繁的合作关系使得被投资国投资环境得到认可，其人才和技能认证体系逐渐规范化，被投资国逐渐具备正规化的、契约性的投资环境。由于违约的风险大大降低，投资国可以通过正规渠道招聘并签订规范的通用的合同使其就业正规化。基于此，在网络中越处于核心地位的成员越具备产生正规就业的前提条件。另一方面，如果被投资国核心度高，和网络其他成员有频繁的、紧密的联系，该国也需提高自己的正规化水平用以符合整个网络制度与规范。

第二，参与利益博弈，改变已有的制度规则。除了从网络信任角度考虑，随着核心度的提升，国家在网络中拥有的权利与其掌握的资源也在增加，该国的议价能力也有所提高。这个过程中外商利益和人民利益之间的平衡有所倾斜。国家发展的目标不仅是更大程度地吸引投资，还越来越重视人民的生活水平提升。对劳动者权利的保障和社会福利完善使得政府趋向约束外资经济使其正规化。

第三，网络多样化。最后，从生产过程本身来看，网络核心度高的国家，其合作伙伴具有多样化的特征，所生产的产品和服务业更加多样化。相比于边缘国家单一的 FDI 伙伴关系，核心度高的国家更需要正规化的生产来满足这一需求。因为在网络关系稀疏地带，信任机制缺乏，长期合作关系尚未建立，此时 FDI 投资更多集中为附加值较低的制造环节，对劳动技能需求低，无须培训，非正规的就业形式即可满足。但对于市场型和战略型的 FDI 投资，需要将研发、设计等知识密集型的生产环节本土化，这些技术性投入和战略性投入的建立和收益是长期过程，需要正规化的合同关系保障投资双方的利益，因此这种 FDI 更倾向于发生在网络关系紧密、信任机制强、人才和技能认证得到普遍认可的成员间。

因此，其他情况不变的前提下，融入世界经济体系后，核心国家更倾向于降低自己的非正规经济规模，增加正规经济的比重。

2.4　非正规经济发展案例分析

针对上节对于国家融入世界经济网络对该国非正规经济影响的机制分析，本节以亚洲的新加坡、印度尼西亚、缅甸和老挝为例做分析。相比世界其他区域，亚洲和大洋洲国家的非正规经济比重差异性最大。按上述分类标准，该区域 34 个国家（或地区）中有 9 个为世界 FDI 网络核心成员，4 个为半核心成员，8 个为半边缘成员，另外 13 个为边缘成员。每类国家非正规经济比重的平均值依次为：16.85、32.25、40.68、30.02，同样呈先增后减趋势（表 2-3）。

亚洲及太平洋国家或地区网络核心度分类　　表 2-3

网络位置	数量	国家或地区	非正规经济比重平均值（%）
核心 I	9	中国（内地）、中国香港、新加坡、印度、澳大利亚、日本、越南、马来西亚、韩国	16.85
半核心	4	巴林、印度尼西亚、菲律宾、泰国	32.25
半边缘	8	哈萨克斯坦、巴基斯坦、斯里兰卡、阿塞拜疆、新西兰、柬埔寨、孟加拉国、缅甸	40.68
边缘	13	科威特、中国澳门、文莱、斐济、蒙古、巴布亚新几内亚、不丹、老挝、塔吉克斯坦、吉尔吉斯斯坦、所罗门群岛、马尔代夫、尼泊尔	30.02

为进一步探讨，本节分别选取4类国家中的新加坡、印度尼西亚、缅甸和老挝进行比较分析。选取这四个国家作为案例的原因是这些国家都属于东南亚国家，气候和自然环境类似，但是，城市化水平、在全球经济网络中的地位和发展阶段、以及非正规经济规模存在明显差异。

2.4.1 案例国家基本情况比较

对比四个国家的基本指标（表2-4），可以看出印度尼西亚虽然FDI净流入值最高，但是其FDI网络核心度则低于新加坡，证实了吸引FDI的数量并不完全决定其在FDI网络中的位置和FDI来源的多样性。除新加坡外，其他三个国家的城市化水平接近，政府廉洁指数较低，教育人均投入相比新加坡差距很大，但后三个国家的非正规经济规模差异明显，而这种差异则极有可能取决于该国在世界投资FDI体系中的核心程度。

案例国家的基本指标比较　　表2-4

	新加坡	印度尼西亚	缅甸	老挝
非正规经济比重	12.90	18.90	50.30	29.60
城市化率	100.00	47.53	29.87	29.69
营商成本	0.80	80.00	—	14.70
廉洁指数	87.00	32.00	15.00	21.00
FDI净流入值	88.0	102.9	7.10	3.24
核心度	0.248	0.061	0.010	0.002

更进一步，为了详细解读不同核心程度的四个国家在整体网络中的个体表现，通过运行UCINET中的Egonet分析对4个国家进行个体网分析后，可以得到如下结果（表2-5）：新加坡的个体网规模最大，有44个国家在FDI投资

关系中与其关系紧密，印度尼西亚有 19 个关系紧密的投资伙伴，缅甸有 9 个，老挝只有 3 个。Ties 表示个体网中实际关系数，除可能存在的所有关系数，得到 4 个国家个体网络的密度依次为 38.42、62.28、61.11 和 50，新加坡由于个体网络涵盖成员多，其密度反而低于其他三个国家，其个体网络存在比较明显的分层状态。其他三个国家中，印尼的网络密度最高，其个体网内部成员更趋向于相互之间都存在连接。中间人（Broker）衡量了个体处于两个点捷径之间的次数，可以看出，新加坡成为中间人的次数最多，标准化后依然最高，可见新加坡核心度高，在整体网络中有密切关系的伙伴远多于其他国家，在个体网络中也表现出了较高的层级属性，不仅自身直接的连接数量多，同时也作为许多国家的中介，连接另外两者，创造流动途径。核心度最低的老挝，在全球范围内几乎没有紧密联系的伙伴，也不具备中介的能力。半核心和半边缘的印尼和缅甸从网络结构的角度来说差异较小，其区别仅仅在于缅甸的个体网络规模比印尼小很多。

新加坡、印尼、缅甸、老挝四国网络联系结构基本属性　　表 2-5

	新加坡	印度尼西亚	缅甸	老挝
联系规模	44	19	9	3
连接数量	727	213	44	3
网络密度	38.42	62.28	61.11	50
中间人	582.5	64.5	14	1.5
中间人（标准化）	0.31	0.19	0.19	0.25

2.4.2　第 I 阶段案例：老挝和缅甸

老挝的个体网络中，只有越南、泰国、柬埔寨、日本四个成员，均为亚洲国家，且除日本外，均为老挝的接壤邻国（图 2-9）。作为东南亚唯一一个内陆国家，交通不便，本身不具备融入世界经济网络的自然条件，其外商投资额远低于其他东南亚国家，这点和核心—边缘分析的结果一致，老挝是世界边缘国家。老挝的非正规经济比重仅为29.60，低于世界平均水平。

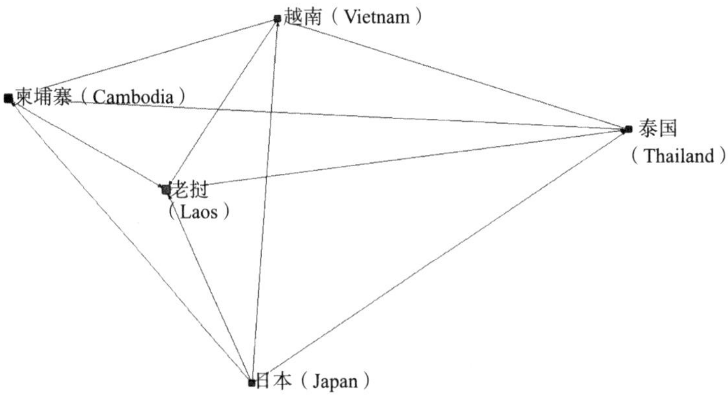

图2-9　老挝个体网络示意图

同样作为世界最不发达国家，缅甸和老挝的城市化水平接近，但缅甸的非正规经济比重比老挝大很多，为50.3%。缅甸的FDI净流入值为老挝的两倍以上，从网络关系上来看，和缅甸联系紧密的国家数量更多（图2-10），虽然同样以亚洲国家为主，但同时也吸引了来自北美的投资。

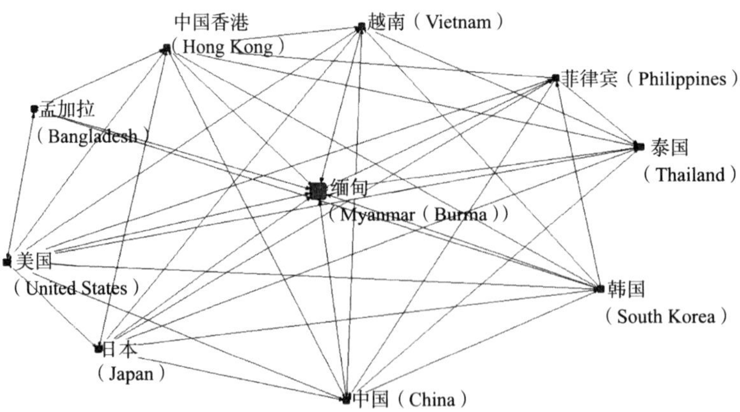

图2-10　缅甸个体网络示意图

从网络嵌入的角度来讲，半边缘的国家融入全球经济网络体系的过程是为全球经济网络提供利益和网络谋求利益的过程。老挝和缅甸同为世界最不发达国家，但老挝的劳动力成本相比缅甸要高出很多，其平均年均最低工资和平均强制性福利都和半核心的印尼更为接近（表 2-6）。可见相比缅甸，老挝并不具有廉价劳动力成本的优势，新马克思主义理论中外包、分包所产生的非正规经济份额少，整体上非正规经济比重也相对较低。而劳动力成本更低的缅甸，因为能带来更大的利益，则被发达国家吸纳入了全球生产网络的半边缘及边缘部分。

印尼、缅甸、老挝三国劳动力成本比较　　表 2-6

国家	平均年均最低工资（美元）	平均强制性福利（占工资比例）	全部用工成本（美元）
印度尼西亚	1027	6	1089
缅甸	401	N/A	401
老挝	1057	9.5	1157

此外，从国家能提供的投资经营环境来看，缅甸和老挝的政府廉洁指数都非常低，一定程度反映出两个国家的投资环境不佳，难以给予正规的、契约性的、稳定的经营环境，为非正规经济的产生提供了“温床”。两个国家的人均教育投入也很低，尚不具备普遍认可的人才和技能认证体系，为了规避风险，外商直接投资创造的就业倾向于非正规的劳动关系。而缅甸强制性福利的缺失，也一定程度反映了政府缺乏对劳动者的保护意识。综合而言，两国国内制度、宏观经济、社会发展水平所提供了非正规经济产生的内部环境，但缅甸融入世界经济体系更为深入，FDI 为其提供了非正规经济产生的外部刺激，其非正规经济的比重更高。

2.4.3 第Ⅱ阶段案例：印尼和新加坡

从网络信任角度来看，新加坡是一个多元种族融合的经济体，经济自由度高，具有良好的国家信用、完善的政府监管机制和健全的法律体系。自 2009 年以来，标准普尔对新加坡国家信任评级为 AAA 级，且极为稳定，是亚洲唯一获此评级的国家，也是亚洲最成熟的资本市场。同时，于 1989 年成立，作为亚洲太平洋地区间各国促进投资、贸易和经济合作的论坛的 APEC 会议，也选择了新加坡作为亚太经合会秘书处，成为亚洲和太平洋国家间非约束、自愿性合作关系建立的枢纽。印尼被标准普尔评为 BB+，且处于上升状态。而缅甸和老挝则尚未纳入标准普尔指数的评级。可见作为核心国的新加坡能够为外国投资者提供一个稳定的经济和制度环境以实现正规化的经济形态，而作为半核心的印尼则信用程度弱，而半边缘和边缘的缅甸和老挝尚不能提供足够的信用情况，用以考察是否被纳入信任评级序列。

从投资多样性角度，相比世界边缘的老挝、缅甸，印尼和新加坡个体网络都更为丰富（图 2-11、图 2-12）。在世界 FDI 网络体系中融入程度高的国家（地区），拥有更多的合作伙伴，资源的来源渠道更加多样。这种多样性不仅表现在连接成员的绝对数量，也表现在来源的差异性上。新加坡的个体网络有 44 个成员，从个体网络示意图中可以看出，新加坡的投资国（地区）来源非常广泛，涵盖欧洲、亚洲、北美、中东等几乎全球所有区域，而且与其他的核心国家之间都有非常紧密的联系。与之相比，印尼的个体网络规模大幅下降，但仍远远高于缅甸，网络成员中亚洲国家（地区）的比例增高，大部分投资国都来自西欧和亚洲。而对于缅甸和老挝，其个体网络成员基本都是其他亚洲国家（地区），合作关系的多样性大大减弱。

从竞争关系和议价能力方面，可以通过竞争指数分析两个国家在 FDI 网络中的竞争者。此处的竞争者并非指吸引全部 FDI 的能力竞争，而是指吸引

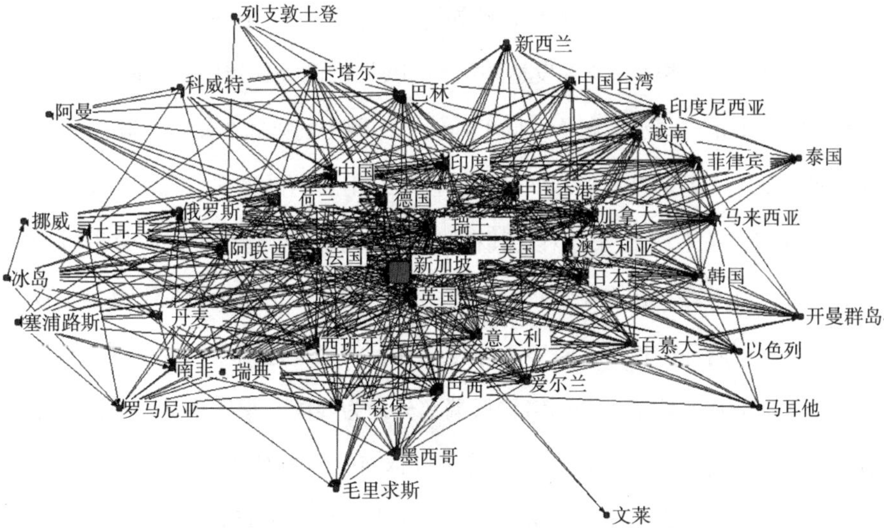

图 2-11　新加坡个体网络示意图

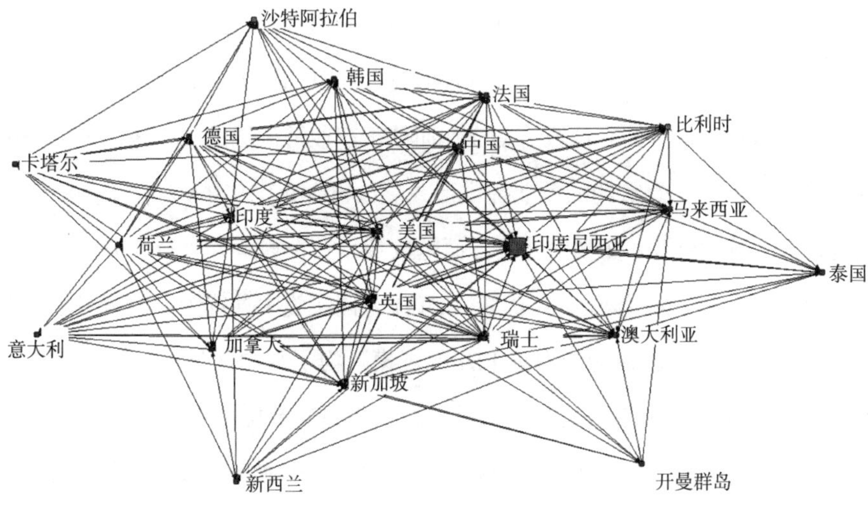

图 2-12　印度尼西亚个体网络示意图

来自同一国家的 FDI 的能力比较。首先，就新加坡而言，竞争能力高于该国的国家有美国、中国和英国。这三国是全球吸引 FDI 数量最多，同时也是投资来源国最为广泛的国家。可见，新加坡的竞争对手是全网范围的，且其竞争力强，高于德国、澳大利亚等发达国家和印度、巴西等新兴国家。而对于印尼，在其个体网中相对弱势，竞争力低于其他个体网中的国家，如新加坡、印度等。考虑其主要投资者来自亚洲和西欧，即使从东南亚内部来看，竞争力也弱于新加坡、越南、马来西亚等，因此其在吸引FDI投资的过程中，面临着较大的竞争压力，也不得不在强制性福利上作出一定的让步。至于缅甸，基本上仅能吸引来自亚洲内部的投资，竞争者除越南外，均为发达国家以及中国，可见缅甸的外商投资基本处于生产网络最低端部分，为美国、中国香港、英国等提供半成品或原始材料，并且还要面临着来自越南、中国对低端市场份额的蚕食。降低劳动成本以提高自己在低端环节的竞争力，是对于缅甸这类半边缘国家融入世界生产网络的现实出路。此外，社会保护和提升劳动者福利的政策涉及公司、行业以及多个政府部门，建立一套共同的基本准则，这种做法也更容易在供应链上端实现，对于分包单位，管理的复杂性也增加了行政成本，因此，对于在竞争过程中，仅拥有低廉劳动成本而处于产业链低端的半边缘国家，非正规经济形式也是高效节约的就业提供形式。Lombard（1978）对拉丁美洲的研究也证实了这一结论：在吸引外资方面越成功，其在规范外资行为方面就越有话语权，反之亦然[①]。该项研究认为，FDI流入国实施中外资限制政策只是为了回应国内民众的需求，为了保证FDI的规模、为了与同区域内的国家进行竞争以及在与国际利益集团的博弈中，外商投资限制政策与实施之间存在着差距。

综合上述分析，进入第二阶段后，所选取的两个典型国家的确存在信用程度与核心程度正相关的趋势，同时核心度高的国家，其投资者来源广泛，并表现出区域的多样性。而通过竞争者分析也看到，核心国家在其个体网络中也处

① Lombard F J. Screening foreign direct investment in LDCs：Empirical findings of the Colombian Case（1967-1975）[J]. Journal of international business studies，1978：66-80.

于竞争力高的位置，FDI 投资的弹性更大，更具备议价的能力。

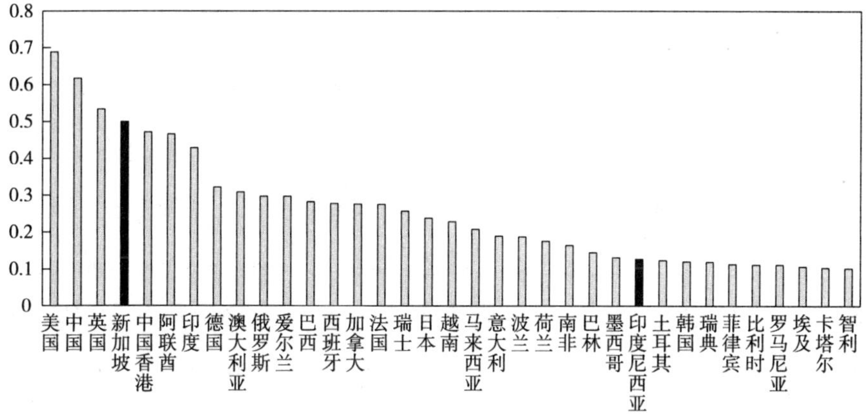

图 2-13　新加坡、印度尼西亚吸引资金的竞争力比较

2.5　小结

非正规经济在全球各国普遍存在，但是其比重存在明显差异。而且在不同区域，各国在非正规经济发展上有一定的相似性，同时也存在差异。整体而言，各区域非正规经济比重排序由高到低依次为：撒哈拉沙漠以南的非洲地区、拉美及加勒比海区域、东欧国家、亚洲国家、中东和北非、西欧和北美国家。

已有非正规经济解释主要有三种理论流派：二元主义、新自由主义和新马克思主义，其理论渊源分别是发展经济学、经济自由主义和全球化的理论。其中新马克思主义对非正规经济产生机制解释的进步之处在于其解决了二元理论、新自由主义存在的缺陷，强调一种"关系格局"的视角，将国家置身于世界体系之中。然而，新马克思主义的解释是静态的，忽视了世界体系（即"关系格局"）发展与演变的动态性，对在不同的"发展阶段"和世界"关系格局"下，国家可能采取的行动策略及其逻辑是怎样的，缺乏解释力。同时新马克思主义粗略地将全球体系进行“二元”主义的划分，仅仅考虑了从发达国家向发展中国家寻租而主动寻求非正规经济的单一可能，而事实上投资活动涉及投资者和被投资者双方，对被投资国选择动机考虑不足。

全球网络中的国家，随着其所处位置的不同，网络对于该国非正规经济比重的影响也有所差异。这个过程大致可以分为两个阶段：第I阶段，边缘国家嵌入网络，进入全球体系中，在此阶段，非正规经济比例会呈现快速上升趋势；第II阶段，该国在全球体系中的地位进一步上升，由半边缘向半核心、核心深入融合，并逐步进入主导地位，在此过程中，随着该国在网络中地位的上升，非正规经济比例开始下降。因此，所有国家均存在非正规经济现象，这是普遍规律。同时非正规经济的比重和国家核心地位也是相匹配的，对于边缘国家，非正规经济暂时的提升可能是融入世界经济网络的表现，通过暂时非正规化的低廉劳动力刺激国家宏观经济发展。如果一味地控制非正规经济比重，反而可能被全球化进程所隔离，成为世界经济体系中的“孤岛”。相关治理部门需要尊重非正规经济发展的客观规律，正确评估当前国家发展阶段与非正规经济的匹配程度，并从根本上提升经济发展集约效率，来解决非正规经济问题。

FDI对于非正规经济的影响不仅在于量，而更重要的因素是其质，当然一个国家进入半核心或者核心状态时，所采取的FDI吸引策略不仅要扩大FDI的绝对量，同时也要提升FDI的质量和加强FDI投资源的多样性，不断跻身国际FDI的核心位置，提高抵抗风险能力，从而可以更好地促进一国经济的正规化进程，免受资本全球化的剥削。

第3章

中国快速城镇化背景下的城市非正规性

非正规就业、非正规经济活动已经成为当前我国国民经济的重要因素，也是城市发展无法忽视的影响动力之一。那么在我国各个城市中，非正规经济的规模有多少？在我国各区域中的空间分布情况是什么样的？当前快速的城镇化和日益扩张的城市规模到底是促进还是抑制了城市非正规经济活动？基于以上问题，本章将从非正规就业理论辨析、非正规经济规模估测、非正规经济的空间分布，以及城镇化、城市规模与非正规就业的关系四个维度，分析我国在快速城镇化背景下，城市非正规经济的整体发展状况和空间分布。

3.1 城市化与非正规就业理论辨析

非正规就业是发展中国家城市化进程的自然结果（Schneider，2005）。Elgin 和 Oyvat 通过 1999 ~ 2007 年 152 个国家的面板数据发现，非正规经济占 GDP 的比重与城市化率之间存在倒 U 形关系，发展中国家在城市化率达到 57% 之前，非正规经济的比重仍将不断增加（Elgin et al.，2013）。考虑到我国的城市化率尚未达到这一临界点，非正规就业仍有可能处于扩张态势。而在现有理论中，城市规模经济理论与半城市化的制度障碍均为理解我国非正规就业的扩张提供了解释。

城市规模经济认为只有城市规模不断扩大，职业细分才有望实现，而低技能劳动者在此过程中将获得更多的就业机会。Moretti 利用 1980 年、1990 年、2000 年美国人口普查数据，检验了就业的乘数效应，发现制造业部门每增加 1

个就业机会，会为不同贸易品部门带来 1.59 个就业机会，而高技能类制造业的乘数效应更为明显（Moretti，2010）。Mozzolari 和 Ragusa 认为，这是由于高技能劳动者的时间机会成本更高，故对保姆、保洁等低技能服务业的消费需求更强，因此随着城市规模的扩大和高技能劳动者的集中，低技能劳动者将会得到相对更多的受益（Mozzolari et al.，2007）。陆铭等通过对中国家庭的研究也发现，城市发展的规模经济有利于提高劳动力个人的就业概率。城市规模每扩大 1%，个人的就业概率相应提高 0.039 ~ 0.041 个百分点，其中低技能组别的劳动力受益程度最高（陆铭 等，2012）。而绝大多数非正规就业者的技能水平较低，在城市规模扩大、社会分工细化以及高技能劳动力集聚的过程中，极有可能最多地受益于城市规模经济，获得更高比例的就业机会。

此外，半城市化的制度障碍可能会进一步催生非正规就业的增长。目前我国城市规模的扩大主要是由农村富余劳动力涌入城市所导致的，从供给的角度来看，受制于户籍制度门槛、正规经营成本以及劳动力素质等因素，农民工群体已成为城镇非正规就业的主体。从需求的角度看，由于两栖人口问题的存在，外来人口的消费潜力尚未得以完全释放。实证研究表明，我国城市化率的提高与增加居民消费总额并无显著关联（石贝贝 等，2014），外来人口更多局限于生存型消费，对城市非正规经济更为依赖（王曼，2004），这种消费模式可能会间接促使非正规就业比重的增加。

3.2　非正规经济规模估测

目前，国内学者主要通过调查法、差值法和汇总法对非正规就业的规模进行估测。其中，吴要武、蔡昉通过对 66 个城市的抽样调查，推算出 2002 年城镇非正规就业人数为 1.2 亿，占城镇就业人口的 46.7%，但该研究未包括外来人口（吴要武 等，2006）。Zuo 利用 2006 年中国综合社会调查数据，获得非正规就业比重高达 70.99% 的结果（Zuo，2013），该研究将非正规就业的探讨扩展到了农村，并将私营企业也归为非正规部门，因此估值偏大。总的来看，由于样本代表性和研究效度存在问题，问卷法的估测结果差异较大。

差值法是将全国城镇就业人员总数扣除国有、集体、其他以及私营企业等分企业类型统计的就业人数，余下的个体工商户以及“未统计就业人员”[①]构成非正规就业群体（胡鞍钢 等，2006）[②]。按此估算，2000 年和 2010 年我国城镇非正规就业人数分别为 1.03 亿和 1.58 亿，占当年城镇就业人口的 44.5% 和 45.7%。但由于各省区市公布的城镇就业人数与全国层面公布的城镇就业人数并不吻合[③]，该方法仅能获得全国层面的非正规就业规模。

汇总法采取“岗位特征”与“单位特征”相结合的思路。现有数据中仅有 2005 年 1% 的人口抽样调查提供了劳动者单位类型和就业身份信息，有研究利用该数据，将自营劳动者、家庭帮工、非正规部门的雇主和未签订劳动合同的雇员计为非正规就业，推算 2005 年全国城镇非正规就业占到非农部门劳动者的 52.3%（吴要武，2009）；也有学者将没有参加社会保险的人员一并计入，该比重上升至 58.8%（薛进军 等，2012）。

在现有统计数据中，人口普查是反映真实就业状况最为精准的数据，可从中获得或推算出城镇常住人口、经济活动人口、城镇就业人口等数值；而历年公布的城镇单位就业人数和私营企业就业人数反映了城镇正规就业的规模（图

① 未统计就业人员系指在城镇就业人员总数中被计入，但未纳入具体经营类型的就业人员。其值为城镇就业人员总数减去国有企业、集体企业、其他企业、私营企业、个体工商户就业人数的差。

② 也有部分文献将私营企业从业人员也纳入了非正规就业群体，存在概念上的混淆。本节认为虽然二者有一定类似之处，但是根据 Castells 和 Portes（1989）的观点，按照生产产品和提供服务的过程是否完全符合现有的雇佣和社会保障来进行区分。

③ 各省区市的就业人员数据依托“劳动综合统计报表制度”，就业总数约等于分类型统计的就业人数之和，存在低估现象。而全国层面的就业人员数据依托“城镇劳动力住户抽样调查”，精确性较好，使得全国就业总数大于各省区市的就业人数之和。

3-1）。本研究结合 2000 年与 2010 年 286 个地级及以上城市[①]的人口普查与历年就业统计数据，将没有被分企业类型统计在内的就业者近似视为非正规就业人员。

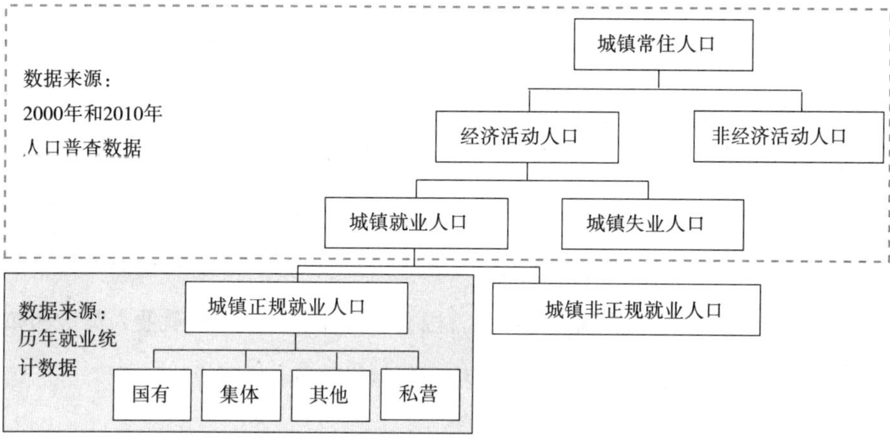

图 3-1　我国就业统计类型与关系分析框架图

具体估测步骤如下：

（1）首先，选用各省、自治区、直辖市人口普查资料中的长表数据。从 2000 年长表数据中的“分性别、按各行业门类、大类分的人口（城市、镇）”表，获得 2000 年各市的城市就业人口数（A_{u2000}）和镇就业人口数（A_{t2000}）；从 2010 年长表数据中的“各地区分性别、受教育程度的就业人口（城市、镇）”表，获得 2010 年各市的城市就业人口数（A_{u2010}）和镇就业人口数（A_{t2010}）；从这两个年度长表数据中的“分性别、婚姻状况的 15 岁及 15 岁以上人口（城市、镇）”表，获得城市和镇 15 岁及以上人口的规模（B_{u2000}、B_{t2000}、B_{u2010}、B_{t2010}）。长表数据由全国 10% 的人口抽查所得，因此需计算出 2000 年和 2010

① 本章以 2010 年 286 个地级及以上级别的城市作为分析单元，含少量 2000 年的“地区”。由于拉萨市数据不完整，本研究予以剔除。

年各市城镇就业人口占城镇 15 岁及以上人口的比重。

（2）选用 2000 年、2010 年各省、自治区、直辖市人口普查资料中的短表数据，从“分地区年龄构成指数（城市、镇）”表获得各市 15 岁及以上的城市常住人口数（C_{u2000}、C_{u2010}）和镇常住人口数（C_{t2000}、C_{t2010}），将其乘以第一步获得的比重值，推算出各市的城镇就业人数（$D_{2000}=A_{u2000}/B_{u2000}\times C_{u2000}+A_{t2000}/B_{t2000}\times C_{t2000}$；$D_{2010}=A_{u2010}/B_{u2010}\times C_{u2010}+A_{t2010}/B_{t2010}\times C_{t2010}$），该值包括城镇正规就业和非正规就业。

（3）将城镇就业人数扣除城镇正规就业人数（E_{2000}、E_{2010}），便可获得城镇非正规就业人数（$F_{2000}=D_{2000}-E_{2000}$；$F_{2010}=D_{2010}-E_{2010}$）。城镇正规就业人数包括当年就业统计中城镇单位就业人员（含国有、集体和其他单位就业人员）和私营企业就业人员数，该数值来源于《中国区域经济统计年鉴》。

3.2.1 各省自治区、直辖市非正规就业规模的测算结果

依据上述公式，估算出各省自治区、直辖市在 1990 年、1995 年、2000 年、2005 年和 2010 年的非正规就业规模（表 3-1）。将各省自治区、直辖市的数据加总后，可见 2000 年、2005 年、2010 年全国非正规就业规模维持在 1.3 亿人的高位，占城镇全部经济活动人口的三成以上。由此可见，在不将私营个体归为非正规部门的情况下，我国城镇非正规就业的规模仍然十分庞大，依旧符合“四元结构”的基本特征。

从各年的数据来看，本方法加总后的全国数据与全国统计中未纳入具体登记注册类型、但计入了城镇就业人员总量之间的偏差在 1700 万到 5000 万之间。从各省份的非正规就业规模来看，1990 ~ 2000 年非正规就业比重较高的多为广东、浙江、山东、福建等沿海省份；2005 年后，非正规就业比重较高的省份分布更为分散，既有广东、天津等沿海省份，也有江西、广西、贵州等中西部省份。

各省自治区、直辖市非正规就业规模估算结果　　表 3-1

	1990 年		1995 年		2000 年		2005 年		2010 年	
	规模（万人）	比重（%）	规模（万人）	比重（%）	规模（万人）	比重（%）	规模（万人）	比重（%）	规模（万人）	比重（%）
北京	103.0	21.5	20.5	3.9	231.9	33.4	3.7	13.7	116.5	10.6
天津	99.5	24.9	62.9	16.3	200.4	44.2	196.4	42.5	299.7	46.0
河北	10.8	1.6	-39.4	-5.1	275.8	26.5	709.3	49.7	781.3	47.1
山西	92.6	17.2	23.4	4.3	238.0	34.8	316.4	40.5	329.9	35.5
内蒙古	89.9	18.2	63.9	12.3	233.2	36.5	286.5	43.1	305.5	38.1
辽宁	204.5	15.8	92.0	7.1	559.4	38.3	494.0	34.3	483.5	30.8
吉林	193.9	25.7	139.5	17.9	399.9	46.0	417.4	48.1	292.8	34.9
黑龙江	231.1	20.1	160.4	13.8	467.8	38.0	509.0	41.0	452.9	35.9
上海	81.8	13.5	115.9	17.3	489.4	52.1	353.5	36.6	515.3	39.4
江苏	119.2	11.4	244.3	19.3	970.0	51.0	834.6	39.2	588.5	21.5
浙江	452.2	46.2	398.4	38.5	823.6	56.1	652.2	40.4	372.2	17.9
安徽	187.3	27.1	180.1	22.0	380.9	38.5	563.0	48.6	521.6	38.9
福建	180.5	34.0	197.2	31.2	481.9	52.3	416.4	41.1	439.2	34.5
江西	100.7	19.2	40.4	7.3	274.8	40.3	299.0	37.6	416.6	41.9
山东	810.9	49.1	757.5	40.5	1046.2	49.0	939.5	40.1	966.4	36.5
河南	167.4	18.1	87.4	8.4	343.4	27.8	542.7	36.0	569.8	32.4
湖北	234.9	24.0	204.1	18.0	729.0	48.3	506.3	38.8	518.3	33.5
湖南	169.7	21.9	82.2	9.5	523.7	44.6	565.4	43.3	604.8	39.1
广东	685.5	45.0	733.3	38.2	2087.7	64.3	1970.2	53.6	2039.3	45.3
广西	70.7	16.5	150.2	25.5	358.0	46.6	426.9	47.9	360.3	37.8
海南	-12.6	-12.1	-20.1	-17.1	78.5	40.4	88.3	40.5	67.7	28.7
重庆	—	—	—	—	332.5	52.1	308.8	44.7	254.2	31.0
四川	375.0	26.6	372.0	23.4	677.5	49.1	519.1	37.5	569.7	34.2

续表

	1990 年		1995 年		2000 年		2005 年		2010 年	
	规模（万人）	比重（%）	规模（万人）	比重（%）	规模（万人）	比重（%）	规模（万人）	比重（%）	规模（万人）	比重（%）
贵州	154.0	36.6	155.3	34.4	230.7	46.8	239.5	44.0	248.2	41.8
云南	72.0	18.6	79.2	17.9	270.3	42.7	317.4	41.8	177.1	20.6
西藏	-3.4	-23.8	-2.6	-13.9	8.7	26.6	10.2	24.3	-14.7	-36.9
陕西	99.3	19.5	54.7	10.5	192.6	28.3	233.2	32.9	368.1	41.6
甘肃	38.7	13.2	2.2	0.7	118.3	31.5	141.7	33.8	136.1	29.0
青海	14.4	16.0	13.1	14.1	43.6	38.6	47.6	35.4	42.8	29.7
宁夏	7.6	9.2	2.6	2.9	29.5	26.6	46.7	33.2	48.4	29.6
新疆	-31.4	-10.8	-47.1	-15.6	64.0	16.1	47.6	11.2	130.2	24.4

注：比重系指非正规就业规模占经济活动人口的规模比重。全国总计的规模系将各省、自治区、直辖市非正规就业规模加总获得，比重为各省、自治区、直辖市的比重均值。

根据估算，2000 年和 2010 年我国地级及以上城市的非正规就业总人数达 0.92 亿和 1.40 亿，平均每年增加 4.29%。由于同期城镇就业人口和常住人口[①]均有大幅增加，从加总数据来看，2000 年和 2010 年非正规就业占城镇就业人口的比重为 41.4% 和 42.2%，非正规就业占常住人口的比重为 21.0% 和 21.9%，两者变化不大，反映出非正规就业已稳定地成为城镇就业的重要途径。

从不同城市规模的描述统计来看，非正规就业人数及其比重在不同规模城市之间存在明显差异（表 3-2）。由同一年份的横向比较可见，随着城市规模的扩大，非正规就业人数及其占城镇就业人口的比重也随之增加，但非正规就业占常住人口比重的增幅相对有限。由两年的纵向比较可见，2000 年到 2010 年各市城镇常住人口平均增加了 71 万，与此同时，2010 年各市非正规就业规模的均值较 2000 年增加了 17 万，非正规就业占城镇就业人口比重的均

① 本章的城市人口均指城市行政区范围内的城镇常住人口，不含农村人口。

值提高了 5.1 个百分点，但各市城镇非正规就业占常住人口比重的均值稳定在 20% ~ 21% 左右，变化不大。

城市人口规模与城镇非正规就业及其比重的描述统计 表 3-2

城市规模的人口划分标准	城市规模的范围（万人）		城镇非正规就业人数（万人）		城镇非正规就业占城镇就业人口的比重		城镇非正规就业占城镇常住人口的比重	
	2000 年	2010 年	2000 年	2010 年	2000 年	2010 年	2000 年	2010 年
最小值 ~ 下四分位数	13.6 ~ 73.9	21.6 ~ 98.3	7.8	13.6	29.6%	36.0%	19.0%	18.3%
下四分位数 ~ 中位数	73.9 ~ 109.3	98.3 ~ 159.0	16.2	24.9	35.2%	39.4%	19.1%	18.7%
中位数 ~ 上四分位数	109.3 ~ 168.5	159.0 ~ 252.0	26.6	45.8	39.3%	45.2%	22.9%	20.4%
上四分位数 ~ 最大值	168.5 ~ 1449.0	252.0 ~ 2055.5	78.8	112.5	44.2%	44.9%	23.2%	22.9%
均值	153.2	224.3	32.3	49.1	37.0%	41.1%	21.1%	20.1%

3.2.2 全国城镇就业结构的变化趋势

从五个年份城镇国有企业、集体企业、其他企业（包括股份有限公司、有限责任公司、联营单位、港澳台投资单位、外商投资单位等）、私营企业与个体工商户、非正规就业这五个部门从业人员的变化趋势来看，国有企业与集体企业就业人员的比重持续递减，且在 1995 ~ 2000 年国企改革期间下滑趋势最为明显，近年来两者的下滑趋缓，2010 年国有企业从业人员和集体企业从业人员分别占到城镇就业总量的 20.8% 和 1.5%。其他企业与私营企业、个体工商户的从业人员比重与规模均快速攀升，后者比前者的增幅更大。私营个体从业人员占城镇就业总量的比重从 1990 年的不到 4%，增加到 2010 年的 28.5%（图 3-2）。

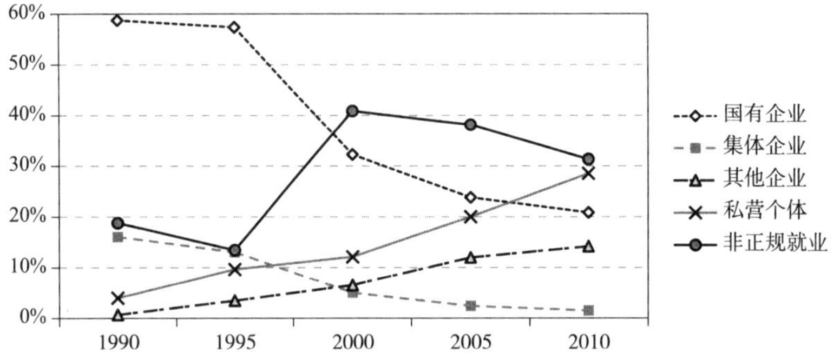

图 3-2　各部门城镇就业的比重变化

就非正规就业的规模变化来看，1995 ~ 2000 年为非正规就业快速增加时期，2000 年至今非正规就业的规模变化不大，但比重略有下降，2010 年占到城镇就业总量的 31.3%（图 3-3）。

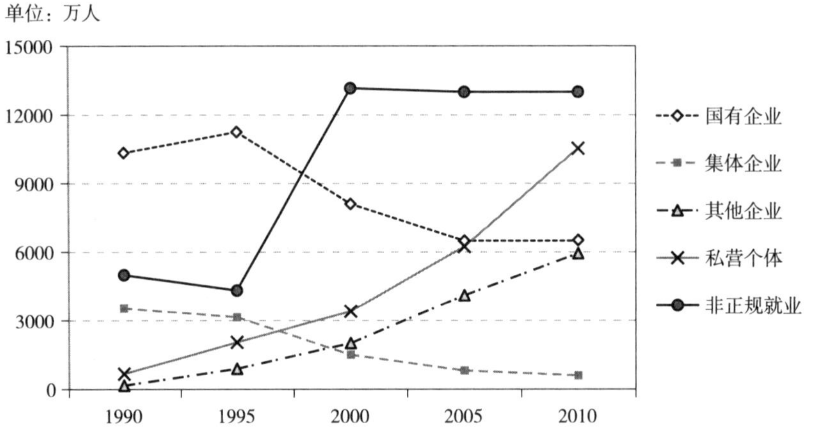

图 3-3　各部门城镇就业的规模变化

注：非正规就业规模参见表3-1，其他部门的就业人员数据来源于相应年份的《劳动统计年鉴》。

综上可见，我国就业结构已从由国有及集体企业为主导（1990 年两者的就业人员比重接近城镇就业人员的八成）发展到目前由国有、集体、其他类企业，私营个体和非正规部门三分天下的格局。

需要指出的是，尽管非正规就业的规模在 2000 年以来几无变化，但非正规部门中的就业人员是不断变化流动的。在城镇各部门之间以及城乡各部门之间存在着两个互为影响的动态机制。一方面，国有企业和集体企业的下岗工人可能成为私营个体或非正规就业者，而非正规就业者可能在若干年后成为私营个体从业人员；另一方面，外来人口的不断涌入可能会加入城镇非正规就业的行列。

3.3　非正规经济空间分布

从非正规就业密度①与城镇常住人口密度的分布来看，2000 年至 2010 年非正规就业密度的分布几无变化。在珠三角和长三角等沿海地区，非正规就业密度最高；而在成都、武汉、郑州、乌鲁木齐等中西部省会城市，非正规就业密度也相对较高。这一分布特点与城镇常住人口密度的空间格局基本吻合，表明人口规模越大的城市往往非正规就业的人数也越多。相关分析也显示，两者存在显著的正相关关系，2000 年与 2010 年两者的相关系数高达 0.80 和 0.74。

从非正规就业占城镇就业人口比重的空间分布来看，2000 年其与城镇常住人口的密度也较为耦合。当年该比重与常住人口数的相关系数为 0.49，呈中度的正向相关，即城市规模越大，非正规就业占城镇就业人口的比重也相应较大。随着中西部地区城市化进程的加快，部分城市的非正规就业占城镇就业人口比重也迅速提高，其中以山东、河北、安徽等部分地区最为明显。而在长三角、闽东南等沿海地区，非正规就业占城镇就业人口的比重在 10 年间有所收窄，反映出非正规就业占城镇就业人口的比重可能与人口规模存在倒 U 形关系，即

① 非正规就业密度 = 非正规就业人数 / 行政辖区面积

非正规就业占城镇就业人口的比重随着人口规模的增加而增加，但到达某个的临界点后将逐步下降。

从非正规就业占常住人口比重的空间分布来看，非正规就业占城镇常住人口的比重与城镇人口密度的关联并不清晰。相关分析也显示，2000 年与 2010 年该比重与常住人口数的相关系数分别为 0.15 和 0.02，并且在 0.05 的水平下并不显著，说明两者并无显著关联。

由本节描述分析可见，大城市普遍拥有较多的非正规就业者，非正规就业占城镇就业人口的比重也相对较高，不过，其与人口规模可能存在倒 U 形关系；而非正规就业占城镇常住人口的比重在不同规模的城市间差异有限，与城镇人口规模也不存在显著关联。但由于未对其他影响非正规就业规模及其比重的因素加以控制，上述观察还有待回归分析进行验证和深化。

3.4 城镇化、城市规模与非正规就业

为了进一步考察我国城市规模对城镇非正规就业人数及其比重的影响，本节将借鉴二元主义、新马克思主义、新自由主义的理论框架，以地级及以上城市为基本研究单元，分析我国城市规划、城镇化水平和非正规就业之间的关系。

3.4.1 数据与分析方法

本节选用各地级及以上城市的城镇非正规就业人数（*IE*）、城镇非正规就业占城镇就业人口比重（*prop_IEE*）和城镇非正规就业占城镇常住人口比重（*prop_IEP*）作为被解释变量，以城镇常住人口数（*pop*）作为解释变量。考虑到自变量与因变量之间可能存在非线性关系，在部分模型中纳入解释变量的二次项（pop^2）。

围绕城镇非正规就业的形成与发展机制，二元主义、新马克思主义、新自由主义等理论流派分别从经济增长、全球化、制度结构等不同视角进行理论解释（Colin，2013；黄耿志 等，2011），本节将这些影响因素一并作为控制变量纳入回归分析。

首先，以前五年 GDP 的真实增长率（*growthr*）作为城市经济发展速度的控制变量。参考新马克思主义的观点，引入劳动力成本（*laborc*）、经济外向性程度（*FDI/GDP*）等控制变量（Carr，2001；Karlingerl，2009）。考虑到制度因素的影响（Jonassone，2011；Torglerb，2009），本节考虑我国国企改革和政府治理特点，引入国企裁员强度（*pb_layoff*）、国企就业者占正规就业人数的比重（*prop_govempl*）、税赋负担（*prop_fiscal*）等控制变量。其中，国企就业者与正规就业人数之比反映了不同城市国有经济的相对规模，相较于私营和其他所有制企业，国企往往具有较高的就业门槛，因此该值可作为反映正规就业门槛的代理变量。回归中还引入受教育年限（*edu*），以反映人力资本状况。各变量描述统计见表 3-3。

城市化及相关控制变量的描述统计　　表 3-3

变量	单位	均值	标准差	最大值	最小值
IE	百万人	0.46	0.57	5.42	0.01
prop_IEE	%	42.04	17.46	95.89	0.51
prop_IEP	%	21.41	10.24	75.70	0.98
pop	百万人	2.05	2.13	20.56	0.14
prop_im	%	-0.94	14.38	82.56	-45.60
growthr	%	11.56	1.91	17.59	7.41
laborc	万元	1.98	1.30	7.19	0.30
FDI/GDP	美元 / 元	0.0031	0.0043	0.055	0.00

续表

变量	单位	均值	标准差	最大值	最小值
pb_layoff	比值	0.09	0.16	0.78	-0.92
prop_govempl	%	50.96	18.88	89.68	7.34
prop_fiscal	比值	4.67	0.10	18.29	0.25
edu	年	8.36	0.98	11.71	5.85

3.4.2 城市非正规就业规模与比重的影响因素

在回归分析中，首先对2000年和2010年的截面数据进行OLS回归，以比较不同年份各系数的方向、大小及显著性水平。然后，再通过两期的面板数据进行回归分析。根据数据分析结果，可以得到以下结论。

第一，城市人口规模对非正规就业人数和非正规就业占城镇就业人口比重均具有显著的正向影响。2000年和2010年，城市规模每增加100万人，非正规就业人数将相应增加19.6万人和22.6万人，且非正规就业的扩张速度要明显快于正规就业的扩张；而城市规模每增加100万人，非正规就业占城镇就业人口的比重将分别提高1.5%和1.9%。因此，以低技能劳动者为主体的非正规就业群体更多地享受了城市规模经济效应，也同时为不断扩张的城市提供相应的服务。

第二，当引入解释变量的二次项后，城市人口规模与非正规就业人数和非正规就业占城镇就业人口比重均呈显著的倒U形关系，并且在加入控制变量后，这一曲线关系仍是稳定和显著的。如图3-4所示，由模型拟合图显示，城市人口规模与非正规就业之间的关系存在一个拐点，在一定城镇人口规模拐点之前，非正规就业规模及其占城镇就业人口的比重将随着城市规模的增加而递增，但边际效应不断递减，而到达拐点之后，非正规就业的规模与比重，反而会随着城市规模的增长而呈下降趋势。

第三，非正规就业占城镇常住人口的比重与城市人口规模并无显著关联。

结合描述统计和拟合结果，可以判定，无论城市人口规模发生扩张或缩小，城镇非正规就业在城镇总人口中的比重基本保持稳定，并且处于 19% ~ 24% 的区间内，这是当前我国城市系统运行的自然结果和客观规律。

第四，伴随着城市人口规模的增加，正规就业、非正规就业和非经济活动人口都有所扩大，但正规就业的扩张速度慢于非正规就业，非正规就业的扩张速度又要进一步慢于非经济活动人口。这也使得正规就业占常住人口的比重随人口规模的增加而不断减小，非正规就业者占常住人口的比重基本保持稳定，非经济活动人口占常住人口的比重随人口规模的增加而增加。

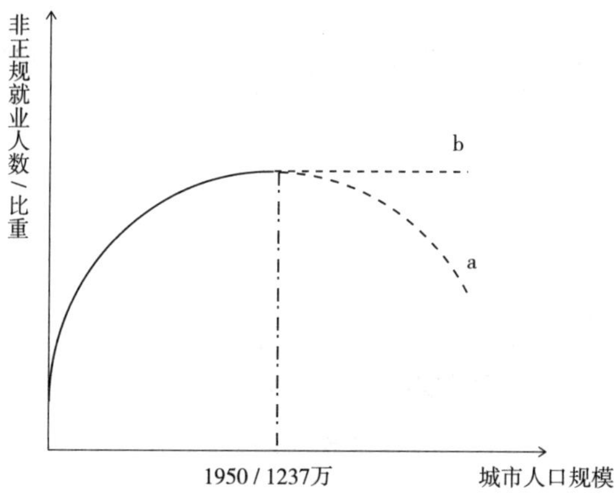

图 3-4　城市化率、城市规模与非正规就业比重的关系图

根据哈肯在协同学理论中的重要发现，复杂自组织中的有序结构取决于作为系统内力的慢变量，其决定和控制着快变量的变化；而快变量受慢变量的支配和役使，通过自身迅速的增长或衰减维持系统的稳定状态（王贵友，1987；赫尔曼，2005）。在城市人口系统的自组织规律中，正规就业人口的变化便属于慢变量，是促使非正规就业和非经济活动人口变化的核心力量，对城市人口的增长或衰减起决定性作用；而非正规就业与非经济活动人口的变化又反过来

对正规就业人口起到一定的反作用力。三类人群各司其职、各取所需、各得其所的互动过程也是城市有机体实现自身扩张或收缩的过程。

从控制变量来看：第一，经济发展增速在两个时期的回归系数符号相反，但总体上，经济发展对非正规就业的规模和比重的影响并不显著，经济增长未能有效地创造更多的正规就业机会。第二，经济外向性程度始终对非正规就业比重具有显著的正向影响，但劳动力成本在 2010 年已不是非正规就业比重提高的显著因素。第三，国企裁员在 2000 年对非正规就业规模和比重的增加具有显著影响，但随着国企改革告一段落，2010 年该因素不再显著，而外来人口对非正规就业规模与比重的影响强度在 2010 年有所增加。第四，以受教育年限为代表的人力资本水平始终对非正规就业的规模和比重具有显著的负向影响，显示提升劳动者的人力资本水平有助于其进入正规部门就业。第五，制度结构的影响不容小觑。其中，正规就业门槛日益成为非正规就业扩张的重要因素。而税负高低对非正规就业比重具有显著的负向影响，这与一些实证研究的结论相符。它们认为拥有良好治理绩效的国家或地区，赋税水平往往较高，但政府通过公共财政的有效使用为正规部门提供了良好环境，间接抑制了非正规部门的发展。税负高低与非正规就业比重的负向关系可能是由于研究未能纳入与政府治理绩效相关的变量导致的。

不同人口规模环境下正规就业、非正规就业、非经济活动人口的规模及其比重　　表 3-4

城镇人口规模（x）	非正规就业人数（a）	非正规就业占城镇就业人口比重（b）	正规就业规模（$c=a/b-a$）	非经济活动人口规模（d=1−a−c）	非正规就业占常住人口比重（e=a/x）	正规就业占常住人口比重（f=c/x）	非经济活动人口占常住人口比重（g=d/x）
1	0.21	37.21	0.35	0.44	0.21	0.35	0.44
2	0.47	43.71	0.61	0.92	0.24	0.30	0.46

续表

城镇人口规模（x）	非正规就业人数（a）	非正规就业占城镇就业人口比重（b）	正规就业规模（c = a/b−a）	非经济活动人口规模（d=1−a−c）	非正规就业占常住人口比重（e=a/x）	正规就业占常住人口比重（f=c/x）	非经济活动人口占常住人口比重（g=d/x）
3	0.72	49.48	0.74	1.54	0.24	0.25	0.51
4	0.96	54.53	0.80	2.24	0.24	0.20	0.56
5	1.19	58.86	0.83	2.98	0.24	0.17	0.60
6	1.41	62.46	0.85	3.74	0.23	0.14	0.62
7	1.62	65.35	0.86	4.53	0.23	0.12	0.65
8	1.81	67.51	0.87	5.31	0.23	0.11	0.66
9	2.00	68.95	0.90	6.10	0.22	0.10	0.68
10	2.17	69.67	0.95	6.88	0.22	0.09	0.69
11	2.34	69.67	1.02	7.65	0.21	0.09	0.70
12	2.49	68.94	1.12	8.39	0.21	0.09	0.70
13	2.63	67.50	1.27	9.10	0.20	0.10	0.70
14	2.76	65.33	1.47	9.77	0.20	0.10	0.70
15	2.88	62.44	1.73	10.38	0.19	0.12	0.69

注:（单位：百万人，%）

3.5 小结

本章基于人口普查和就业统计数据，发现 2000 年和 2010 年我国地级及以上城市的非正规就业人数高达 0.92 亿和 1.40 亿，约占到城镇就业人口和常住人口的 42% 和 21%。非正规就业人口已与正规就业人口、非经济活动人口共同构成了我国当前城市人口的三大主体。回归分析表明，随着城市规模扩张，城市人口增长，这三类人口的规模都会有所增加，但整体而言，现阶段我国非正规就业的扩张速度要快于正规就业人数的增加。而无论从城市规模发生扩张还是收缩，我国现阶段非正规就业在城市人口中的比重始终稳定在19% ~ 24% 的区间内。

城市有机体是一个高度复杂、动态有序的自组织系统，其生长与变迁蕴含着普遍而又稳定的自组织规律。仅仅通过疏解低端人口、取缔非正规经营等政策来解决大城市，特别是特大城市的人口膨胀问题，既没有认识到城市人口增长的根源，也违背了城市增长的自组织规律。若强制推行这一政策，极有可能产生城市成本上升、竞争力衰退、多样性降低等问题，还可能导致行政成本和社会冲突大幅增加。只有加强行政引导，充分运用市场经济手段，剥离和疏解不符合发展战略的城市功能、基本部门及其正规就业岗位，并且更好地促进中小城市和小城镇的正规就业增长，才可能使大城市的人口膨胀问题得以缓解。

同时也需要认识到，非正规就业是城市系统自发演进的客观结果和秩序运行的重要参与者，既不会因为行政干预而短期内消失，也不会无限度地扩张。在我国当前社会经济发展情况下，其规模维持约占城市人口两成左右的稳定状态。应在城市规模预测、用地性质规划、公众参与等正规制度架构下，尊重与倾听非正规就业者的空间诉求与合理关切，为包括非正规就业人口在内的城市各类人群实现宜业、宜居提供制度保障和支持，以更好地发挥自组织机制在城市经济社会发展中的有益作用，并逐步引导其升级、转型成为正规经济。

第 4 章 城市空间的非正规性

城市空间的非正规性主要体现为非正规经济活动在城市内部不同空间单元内的集聚与扩展情况。虽然，在城市中常常可以见到非正规的经济活动，例如，地铁周边集聚的无牌照的流动摊贩、营运三轮车，社区周边固定或者流动的废旧物品回收者，商场周边的无固定场所的小商品贩卖者，但是对于其数量、分布规律及政府管制对其产生的影响仍然知之甚少。本章将以流动摊贩为例，分析这一典型非正规经济形态在城市空间的分布情况，以及影响其集聚和扩散的主要因素。

4.1 非正规城市空间的政策沿革

我国城市中非正式经济现象发展呈现出与其他发展中国家截然不同的阶段性：从私有制下的初级自由市场体系，彻底转变为绝对的公有制和社会福利供给制，然后又返回到一种以市场为引导的体系，流动摊贩作为一种市场行为在中华人民共和国成立后也经历了限制—鼓励—限制的发展历程。

中华人民共和国成立之初，我国借鉴苏联模式选择走计划经济道路，在农村设立供销合作社，在城市中则通过公私合营、合作商店、合作小组、代销、代购等方式将小商小贩纳入了国家的统筹统配的计划经济体制内（石磊 等，2010），自此流动摊贩也在城市中基本消失。

改革开放后，流动摊贩重新出现，并逐渐在20世纪90年代成为遍布城市、涉及各个行业的经济形式，不少经营者逐渐由流动摊贩发展成为正规企业，甚至是知名品牌企业（胡鞍钢 等，2006）。流动摊贩弥补正规商业的不足，扩展了经营的空间和时间，在很多商业服务设施无法覆盖到的区域，为城市居民的日常生活提供了便利。再次，由于流动摊贩所需资金少、准入门槛低、经营范围广，因此可以灵活地应对市场需求，有效提供应季节和工作时间变化的商品和服务。

流动摊贩的繁荣在促进市场竞争、使消费者受益的同时，其负面影响也逐渐显现。由于流动摊贩主要分布在人流密集的公交车站、居民小区、地铁出口、超市及市场周边，集中在市民上下班时间贩卖小商品，极易造成交通拥堵，给市民出行带来不便。另外，流动摊贩经营监管困难，商品质量难以保障，往往成为伪劣、不安全产品的倾销场所。

由此导致 21 世纪初以来，各地方政府纷纷设立城市管理执法部门来严格管制甚至取缔流动摊贩。但是，实践证明单独通过管制方式不仅难以消除流动摊贩，而且极易造成流动摊贩与国家执法人员的社会冲突，社会舆论也常常会倾向于处于弱势地位的流动摊贩。因此，各城市地方政府也逐渐开始探索通过多样方式将流动摊贩纳入政府的日常管理中，引导其健康发展。

4.2　城市非正规性的规律

4.2.1　北京流动摊贩发展回顾

新中国成立之初，北京市登记注册的流动摊贩就有 50026 个，相对于当时北京的城市人口数量 200.6 万而言，这一数量无疑是比较高的，达到 249 个 / 万人。之后北京市政府将流动摊贩逐渐纳入固定市场集中管理，并将其逐渐转变为集体经济的重要组成。

改革开放之后，在市场机制推动下流动摊贩在北京重新出现。20 世纪 90 年代中期，北京市大力发展集贸市场，很多市场依托河边、路边、墙边迅速形成，其总数为 1125 个，达到历史最高点，此外还有数以万计的流动摊贩沿街叫卖。之后，北京市开始了对“三边”市场的整顿，工商部门不再审批“马路市场”，并对集贸市场进行撤并。由于没有妥善安置经营人员，其中一部分在商贸市场的经营人员在市场关闭后转变为街头无照经营者，由此流动摊贩的数量越来越多。

根据城市管理部门统计，2009 年前三个季度北京市流动摊贩的日平均数量分别是：第一季度 103265 人、第二季度 163489 人、第三季度 156225 人，由此可以估计在 2009 年 1 月至 9 月期间，北京市平均每日流动摊贩数量约为 14 万（葛佳，2010），参照当年北京市的常住人口数量 1755 万，流动摊贩的密度约合 80 个 / 万人。为治理流动摊贩问题，北京市通过部门协作、集中治理等方式对流动摊贩进行清理和整治。但往往收效甚微，虽然集中治理短期内流动摊贩的数量有所减少，但不久之后流动摊贩“春风吹又生”，数量重新恢复，并未从根本上形成对流动摊贩的有效管制（周航 等，2008）。

4.2.2 流动摊贩的类型

对于流动摊贩的治理必须基于对其经营类型和活动规律的科学分析，基于此目标，本书对摊贩进行分类后，深入分析各类流动摊贩随季节、时段的变化趋势，各类别流动摊贩的活动规律的差异及其原因。研究基本数据的来源为北京市朝阳区数字化管理中心集成后的流动摊贩数据库，该数据库集成了群众举报和城市管理信息员上报的流动摊贩信息。采用系统的信息化手段掌握流动摊贩信息在我国尚不多见，而北京市朝阳区政府依托数字化管理建设，系统收集流动摊贩数据，不仅为深入分析流动摊贩分布和变化规律奠定了基础，也为流动摊贩的精细化、常态化管理提供了良好的工作平台。

流动摊贩经营类型多样，根据其经营产品相似性和朝阳区数字化管理信息系统的数据分类，本研究将流动摊贩大致分为以下九类（表 4-1）：一是食品类，包括瓜果蔬菜、鲜活鱼肉、家禽、现做现卖的小吃、熟食等，二是便民服务类，包括修车、修鞋、修锁配钥匙等“三修”类；三是服装类，主要经营服装和鞋帽；四是日用百货类；五是回收废旧物资类；六是书刊影像资料类；七是饰品类；八是其他，包括不在以上范围内的摊贩，如发放宣传品、招揽住宿、量体重等；九是将超过三个以上流动摊贩集中在一起的情况单独统计为摊群，用于统计位置相对固定且数量集中的流动摊贩。

根据分类统计，各类型摊贩数量所占比例呈现出三个梯队。食品类为第一梯队，约占流动摊贩总量的五成；第二梯队为废品回收类、摊群和日用百货类，三者之和约占总量的四成左右；服装类、服务类、书刊音像类、饰品类等均属于第三梯队，只占总量的一成左右。由此可见，北京市朝阳区流动摊贩主要经营产品类型为食品、日用百货、废品回收以及集聚的摊群。

流动摊贩分类　　表 4-1

分类	内容
1. 食品类	小吃、早餐、主食、蔬菜、水果、夜市排档
2. 便民服务类	家电维修、磨刀、修车、修鞋、理发按摩、现场缝纫、刻章、修纱窗、修伞
3. 服装类	服装鞋帽
4. 日用百货类	日用百货、儿童玩具、电器、杂货、通信器材、小玩具、卖瓷器、卖烟
5. 废品回收类	收废品、收药品
6. 书刊影像类	书报、光碟
7. 饰品类	饰品、工艺品、卖花
8. 其他	洗车、卖煤、宣传产品、卖小动物、装修、卖保险、招揽住宿、卖发票、街头算命、保健咨询、游医、卖陵墓、量体重、建材
9. 摊群	三个以上摊位

4.2.3 流动摊贩的变化规律

流动摊贩数量随着季节变化有明显的不同。通过比较不同月份各类摊贩所占比例可得，整体而言流动摊贩数量最多的月份为 5 月、6 月和 10 月，而在 1 月、2 月、8 月流动摊贩数量较少（图 4-1）。

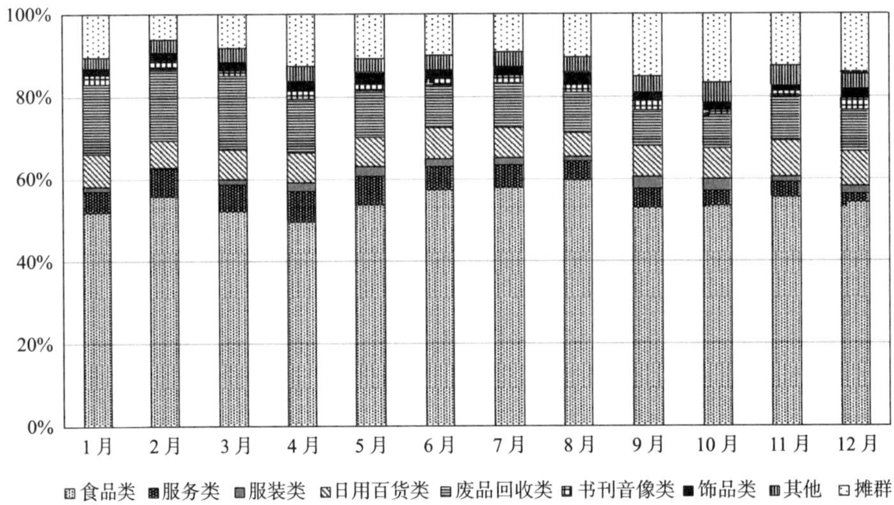

图 4-1 朝阳区各类型流动摊贩所占比例（2011 年）

具体到各类型流动摊贩，其所占比例在全年不同月份亦存在明显差异。食品类流动摊贩是流动摊贩的主体，在夏季 6 ～ 8 月食品类所占比重最高，而在 1、3、4 月所占比例较低。这可能与北京市民的街边食品的消费习惯有关：夏季户外活动较多，而且也是水果、蔬菜产量较多的季节，因此流动摊贩中食品类摊贩比例较高，而在冬季气候寒冷，居民户外活动减少，因此在街边购买食品的比例也相对较低。

与之相反，废品回收类摊贩所占比例的最高峰是 1 ～ 3 月，这段时期大约占到总量的五分之一，而在其他月份比例则相对较低。这可能与废品回收摊贩经营的特点有关。食品类摊贩数量与需求方密切相关，而废品回收摊贩数量则更多取决于供给方即居民所能提供的可回收废品的数量。在 1 ~ 3 月期间，由于元旦春节假期的集中消费、送礼等行为，在此时期居民产生的可回收废品数量一般要多于其他月份，由此导致废品回收摊贩的数量和比例均高于其他月份。

由此也说明，各类型的流动摊贩（经济学中所谓的“供给方”）与其所依附的“需求方”的消费行为和习惯密切关联。需求与供给是一个问题的两个方面，若只是从供给方进行遏制，对流动摊贩加强管理，却无视客观存在的居民需求问题，则无法从根本上破解流动摊贩的管理难题。

流动摊贩数量受时段影响，在一日之内也存在较大差异（图 4-2）。通过抽样，本研究选择 2011 年每月 15 ~ 17 日的平均值分析流动摊贩不同时段的变化情

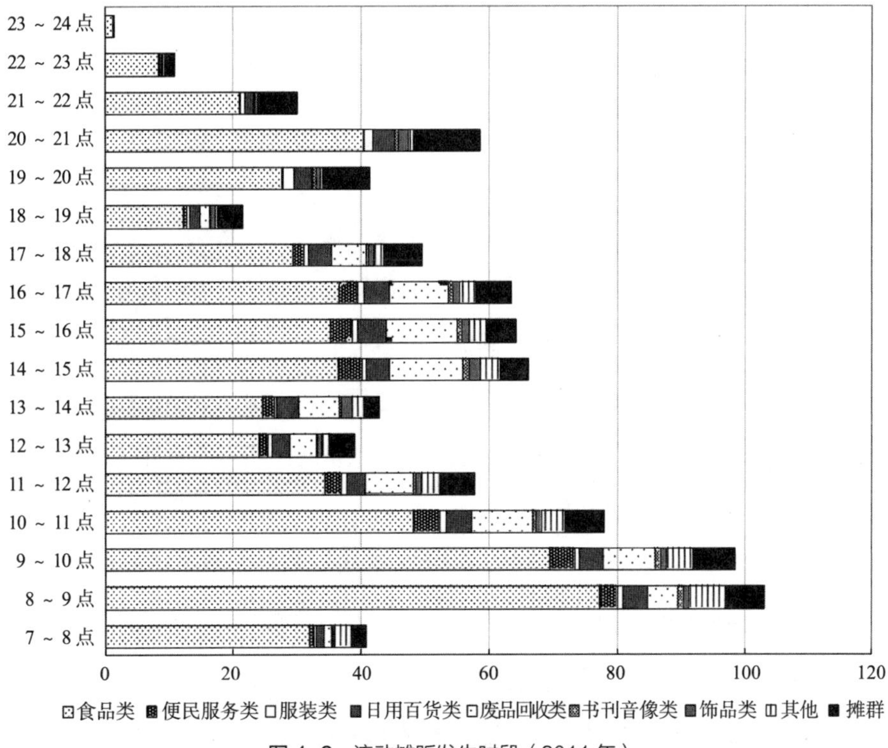

图 4-2　流动摊贩发生时段（2011 年）

况（图 4-3），由分析可知流动摊贩数量呈现出三个波峰区域，分别位于 8 ～ 10 点、14 ～ 16 点、20 ～ 21 点三个时段，且呈现出三个波峰逐步下降的趋势。

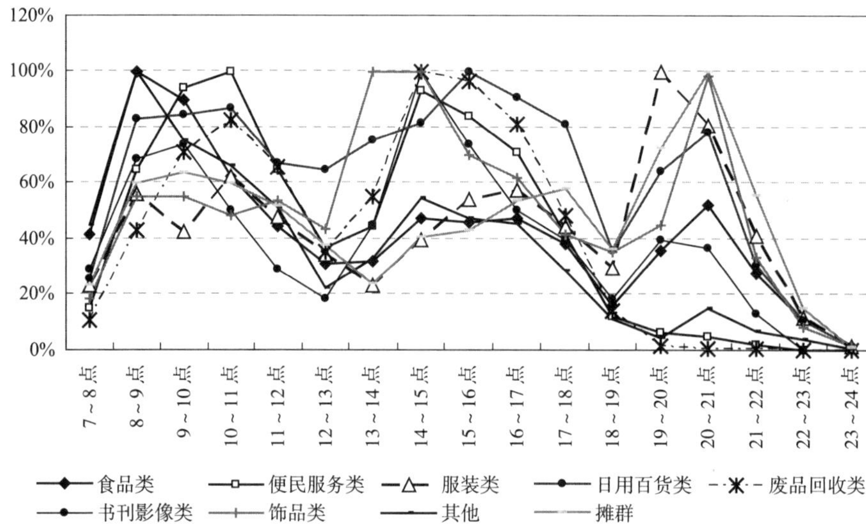

图 4-3 2011 年每月 15 ～ 17 日各类型流动摊贩高峰值时间段比较

基于目前的数据特点推断，流动摊贩数量变化可能与其经营活动的特点有关，也有可能受到城市管理信息员的工作时间影响，如午餐与晚餐时间案发报告数大幅下降，但根据观察这段时间流动摊贩可能并未明显减少。在排除城市管理信息员由于工作交接和休息所引起的偏差后，可以由此数据推断出流动摊贩最高时间段为 8 ～ 9 点，而这恰恰也是早晨上班的高峰期。此外，在上午流动摊贩数量也要高于下午和晚上。

不同类别的摊贩在各时间段的分布也具有明显差异。仍选取 2011 年每月 15 ～ 17 日的摊贩数量分析，将这 36 天摊贩数量按照经营类型和时间分类别加总，并以每个类别摊贩峰值数量计为 100%，其他时段的摊贩数量则与之相比得出各类流动摊贩数量随时间的变化规律（图 4-4）。

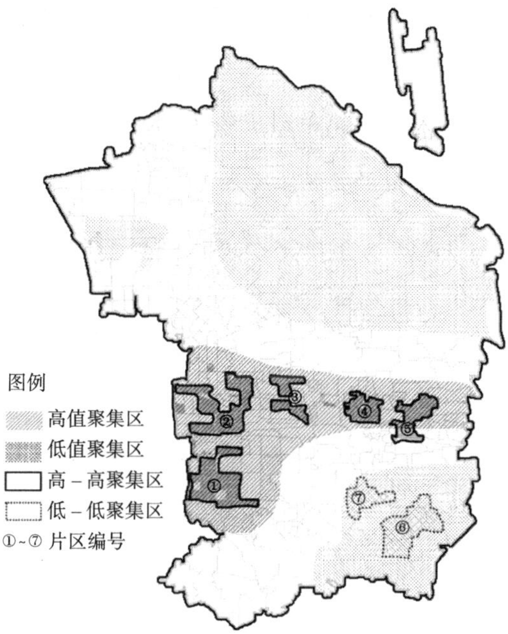

图 4–4 流动摊贩集聚区域分析

与流动摊贩整体数量的三个高峰相对应，各类摊贩数量峰值均集中在上述的三个时间段内。但是，各类摊贩的数量在不同时间段也存在明显差异。废品回收类、便民服务类摊贩只呈现出上午和中午两个峰值，显示出这类摊贩的需求多出现在白天；饰品类摊贩呈现三个时段高峰，但午间和晚间的高峰要高于上午的高峰值，而在食品类摊贩的三高峰中，上午高峰值要高于午间和晚间的高峰值。这也从另一个角度再次佐证供给方（流动摊贩）和需求方（居民）之间的密切关联，居民的消费习惯和特点不仅体现在流动摊贩每月的案发比例变化上，也体现在每日的案发时间段上。

4.2.4 流动摊贩的空间分布规律

根据朝阳覆盖全区的数字系统，可以将摊贩的发生情况以社区为单位进行统计汇总，并从中发现其空间集聚或者分布的一些规律。朝阳区数字信息管理系统中，辖区内包含498个社区（城市建成区范围内）或村（集体用地内）级行政单位。统计2011年每个月份每个单元内不同类别的摊贩发生数量，此外还比较与2008年的发生密度的差异，从而梳理出其稳定的分布规律。

从498个社区或村不同类别摊贩发生密度的描述统计来看，所有类别密度的中位数均小于平均值，并且偏度均大于或远大于0。各类别摊贩密度的平均值受到了较大值的影响，而实际上大多数社区在该类别摊贩上的发生密度是小于平均值的。另外，峰度值也均大于或远大于0，即社区密度的分布呈现明显的尖峰分布形态。

北京市朝阳区社区各类型流动摊贩发生数量（2011年）　　表4-2

统计量	平均值	中位数	标准差	峰度	偏度	最大值
总量	131.1	66.1	178.5	7.2	2.4	1216.3
食品类	68.0	30.4	99.1	7.4	2.5	648.2
便民服务类	6.4	0	20.5	76.6	7.9	252.3
服装类	2.6	0	7.6	46.1	5.9	84.1
日用百货类	10.3	1.1	24.1	41.9	5.4	273.5
废品回收类	16.9	3.1	33.2	22.8	4.1	302.1
书刊影像类	2.9	0	10.1	57.5	6.9	104.6
饰品类	3.5	0	18.5	393.9	18.8	391.7
其他类	6.2	0.7	12.6	18.2	3.8	99.0
摊群类	14.3	2.8	31.9	29.9	4.7	322.9

注：平均值、中位数和最大值单位均为“个/km^2”，摊贩数量为每月15日、16日、17日的摊贩发生数量累计值。

摊贩的整体空间上呈现向中心区、交通走廊集聚的趋势（图4-5）。流动摊贩集聚的核心区仍在三环内的商业与办公集聚的地区。此外，沿着一号地铁线路东西向区域也呈现高度集聚的态势。从总体空间布局的特点来看，2011 年的流动摊贩主要集聚于四个主要区域。第一个摊贩集聚区域是东三环两侧的朝外、呼家楼、三里屯和东南三环附近的潘家园、南磨房一带（以下简称“第一集聚区”），这一区域为朝阳乃至整个北京市最为繁华的区域，北京的金融、

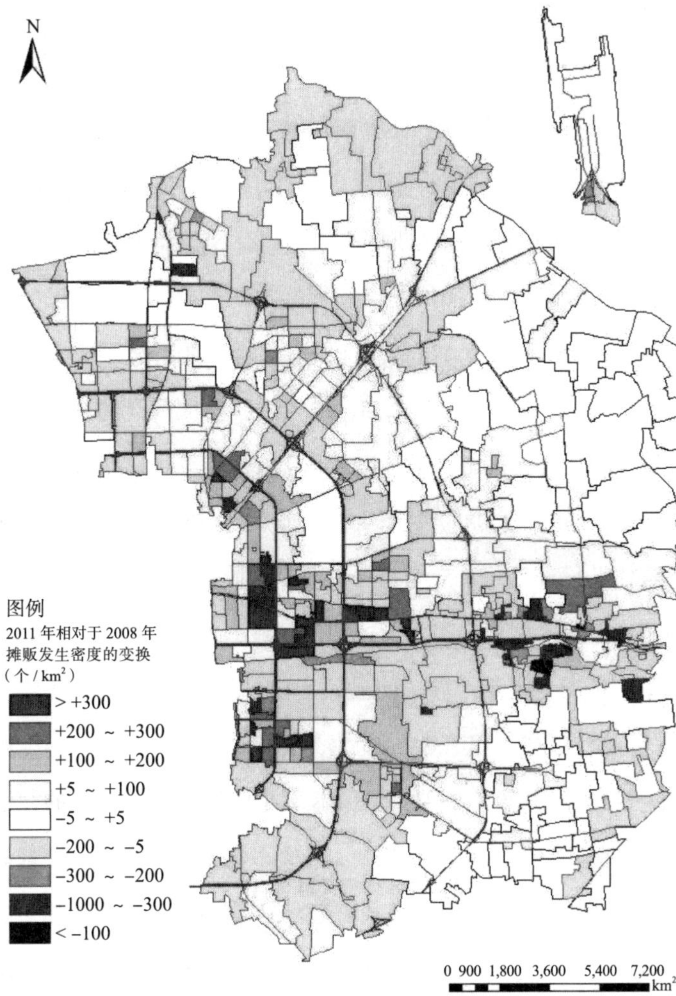

图 4-5　2011 年相对于 2008 年摊贩发生密度的空间变化

商贸、对外使领馆等重要城市功能均集中于上述区域。第二个摊贩集聚区域主要是沿长安街向东延伸的建国路、京通高速路一线的常营、管庄、三间房一带（以下简称“第二集聚区”）。第三个集聚区域为从市区沿机场高速路向东北方向延伸的望京地区（以下简称“第三集聚区”）。第二、第三个集聚区域均显现出比较显著的摊贩沿主要干道集聚的特点，因为人流活动也常常依托于交通干线的便利条件而更易集聚。另外，在朝阳区北部的来广营一带也有较为明显的摊贩聚集发生（以下简称“第四集聚区”）。

摊贩发生总数最高的前 50 个社区或村绝大部分集中在上述的四个区域之中，其中，在最高发生密度的 50 个社区或村中，有 80% 是食品类（第一梯队）摊贩发生密度最高的前 50 个社区或村，同时约有 55% 的概率出现在第二梯队（指食品类、日用百货类、废品回收类和摊群类四类摊贩）摊贩发生密度最高的前 50 个社区或村内，约为 49.6%，是概率出现在所有九个类别各自发生密度最高的前 50 个社区或村。由此可知，摊贩发生密度最高的社区或村也往往是高比重类型摊贩发生密度较高的社区或村。

此外比较 2011 年和 2008 年两个年份中摊贩的空间集聚，不难发现二者之间集聚趋势整体上呈现出“大格局稳定，但小区域易变”的特点。尽管两个年份中摊贩易于集聚的区域均集中于上述四个区域，但区域与区域之间以及区域内部的摊贩集聚情况也发生了较为明显的变化。2008 年（或 2011 年）摊贩发生密度前 50 位的社区或村仅有 38% 的仍为 2011 年（或 2008 年）摊贩发生密度前 50 位的社区或村，虽然一般来说摊贩发生密度排名越靠前的社区或村在另一年排名前 50 位的概率越大，但 38% 的概率仍较低，即使密度最高排名前 10 位的社区或村也只有 60% 的概率出现在另一年的前 10 位名单中。

从 2008 年与 2011 年摊贩发生密度的具体空间分布的变化来看，增长最为明显的区域是上述的“第一集聚区”，即三环路周边的城市建成区，包括劲松、呼家楼、三里屯、八里庄等区域。2011 年这些区域中有相当一部分社区的摊贩发生密度每平方公里增加了 300 例以上，使得 2011 年“第一集聚区”的摊贩发生密度总体上超过了 2008 年密度最高的“第二集聚区”。而摊贩密度增幅和总量最高的这一区域恰恰是朝阳区内正式商业点最为密集、生活服务配套最为齐全、城市功能最为高端、工作生活居民阶层较高的区域。显见，非正规经济并非只与低端产业集聚的城市区域或低阶层的市民生活存有联系，可能恰恰相反的是由于正式城市空间中的高地价排除了许多基本生活需求生存的空间，而人类需求的金字塔特性意味着即使是高收入的人群也必然存在着低层次的社会生活需求，而在这些区域，满足人民低层次需求只能依托于非正规经济的形式来有效供给。

另外，下降最为明显的是“第二集聚区”，“第四集聚区”的摊贩发生密度有小幅的下降，而“第三集聚区”的密度则有小幅上升。在全区两年增幅与下降总量基本相当的情况下，可以理解为总体上，摊贩从城乡结合部的“第二集聚区”和“第四集聚区”向城市繁华地带的“第一集聚区”和位于城市干道（机场高速）两侧的“第三集聚区”移动（图 4-5）。

第三，不同类型流动摊贩在空间集聚上呈现一定差异性。无论从 2011 年食品类摊贩发生情况的空间分布情况，还是对比 2008 与 2011 年食品类摊贩密度的变化都显示，其与摊贩整体的发生情况具有非常明显的耦合性（图 4-6）。

因而，食品类摊贩在空间上易于集聚的区域也为上述的四个区域，并且 2011 年“第一集聚区”内的食品类摊贩密度最高（图 4-6）。同时这两个年度也呈现出“第一集聚区”密度显著增加，“第三集聚区”摊贩发生密度微幅增加，而“第二、第四集聚区”密度均有所下降，其中以前者为甚。2011 年食品类摊贩密度增加的区域内增幅要大于密度减少区域内的降幅。但需要补充的是，王四营地区属于在四个集聚区之外的食品类摊贩的高集聚和高增幅区域。

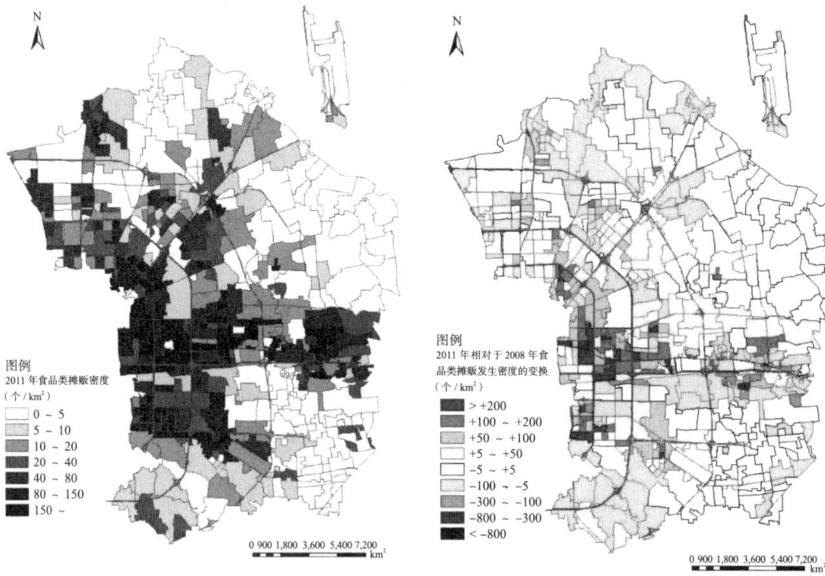

图 4-6　2011 年食品类摊贩发生密度的空间分布及与 2008 年的密度增减变化

需要指出的是，食品类摊贩是一个涵盖面较广的大类，在数字化管理系统中其下还分为蔬菜类、水果类、蔬菜水果类、小吃类、早餐类、主食类、夜市摊贩类七个子分类。进一步探究食品类摊贩内部的各子分类的分布特点，将会发现在食品类摊贩高度集聚的区域并不见得每种子分类都在该区域内高集聚，一个区域内易于集中的食品类摊贩子类别是与本区域的经济社会环境密切相关的。

为了便于统计和说明，我们将蔬菜类、水果类、蔬菜水果类（该类比重极小）统一归类为“蔬果类”，将早餐类和主食类（该类所占比重也较小）统一归类为“餐点类”，另还包括“小吃类”和“夜市摊贩类”，合计为四个子分类。

首先从蔬果类摊贩的情况来看，该子类摊贩出现最高的区域有潘家园（潘家园南里、华威西里、磨房南里、潘家园东、松榆里、武圣东里)、劲松(农光东里、劲松中)、垡头(垡头一区、垡头西里、垡头北里)、来广营(茉莉园社区)、建外(永安里)、团结湖(中路北)、东风(石佛营东里社区)、高碑店(甘露园南里二区、康家园西、太平庄南)、左家庄(左北里、左南里)、香河园(西坝河南里、柳芳南里)、太阳宫(芍药居北里)、管庄等区域(图 4-7)。总体来看,这些区域的分布较为分散,并且以居民居住为主要功能的社区为主。蔬果类摊贩在第一、二、四集聚区中都有高密度的区域分布,并且第一集聚区并没有显示出更高的密度,在 CBD 和金融商务区一带甚至极少有蔬果类摊贩出现,但下文将证明这一区域食品类其他摊贩的出现密度却很高。这再次证明作为非正规经济的供给具有较高的契合市场需求的灵活性和敏感度。

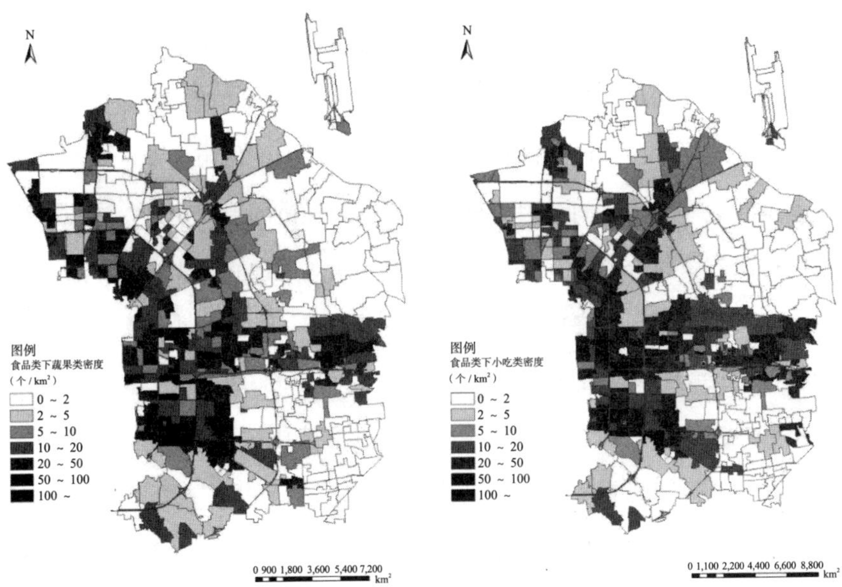

图 4-7　2011 年食品类下蔬果类(左)与小吃类(右)摊贩发生密度的空间分布

从小吃类摊贩的空间分布特点来看,这一子类的摊贩易于在三里屯(白西)、呼家楼（核桃园、关东店北街、东大桥）、六里屯（秀水园）、团结湖（三四条、中路南、中路北）、朝外（吉祥里）、建外（永安里）、八里庄（八里庄西里、东里、远洋天地）、东风（石佛营东里社区）、香河园（西坎河西里）、管庄（京通苑）等区域。从图 4-7 可见，小吃类摊贩较之蔬果类摊贩的分布更为集聚，且第一集聚区的密度较之其他区域最高。

食品类摊贩空间分布的集聚特点最为明显的是早餐与主食类摊贩的分布。这一子类的摊贩密度最高的区域有呼家楼（东大桥）、建外（北郎东、永安里东、南郎）、三里屯（中纺里、百西）、朝外（吉祥里）、潘家园（华威里、华威西里）等区域。显见早餐与主食类的摊贩主要集中在“第一集聚区”内的繁华区域，并且部分集中在商务区等以工作为主要功能的城市区域。而其他区域的餐点类摊贩密度普遍不高，但若以人们更愿意去工作地点买早饭作为这种现象的解释显然非常牵强，更多的可能是无论哪个区域都有对餐点的基本相似并接近等量的需求，但在以居住为主要功能的区域中餐点的正式商业空间相对较为充沛，而在以工作为主要功能的城市商业区却少见满足人民基本餐点需求的空间，因此只能以非正规经济的形式出现。这点已经在小吃类摊贩的空间分布中有所显现，但因为相对于最基本需求的早餐或主食来说，小吃可能属于比之更高一级的食品类需求，因此，小吃类摊贩的密度不如餐点类摊贩反映得明显（图 4-8）。

夜市排档类摊贩的发生密度普遍不高，主要集中在香河园（流芳北里、光熙门北里）、左家庄（静安里）、团结湖（一二条）、八里庄（红庙北里）、东坝（红松园、中铁十六局社区）、三间房（定北里、定西南里、定福庄东村）等区域，呈现出以居民区为主的分散格局。

从总体上来说，相较于食品类的广布性（无论是商务人士或是低收入市民都有需求），便民服务类摊贩的分布具有与摊贩整体或食品类摊贩不同的空间

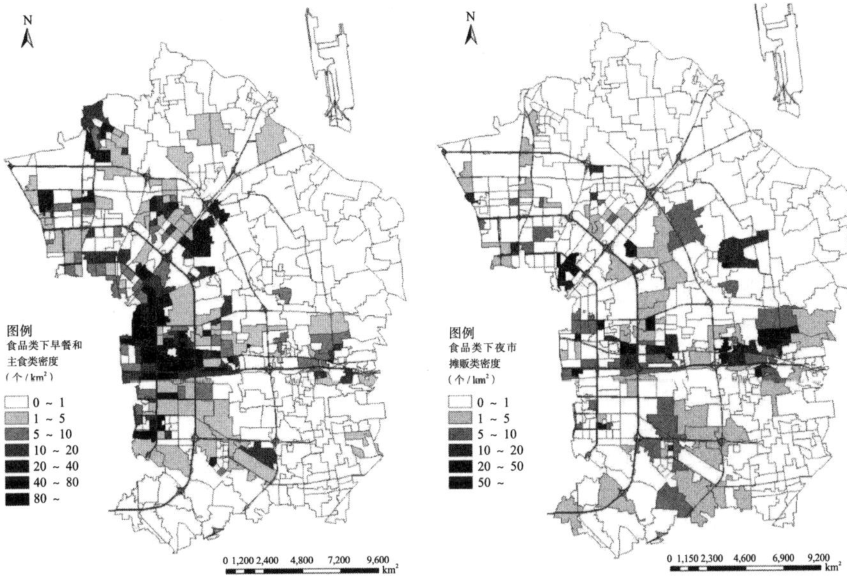

图 4-8　2011 年食品类餐点类（左）与夜市排档类（右）摊贩发生密度的空间分布

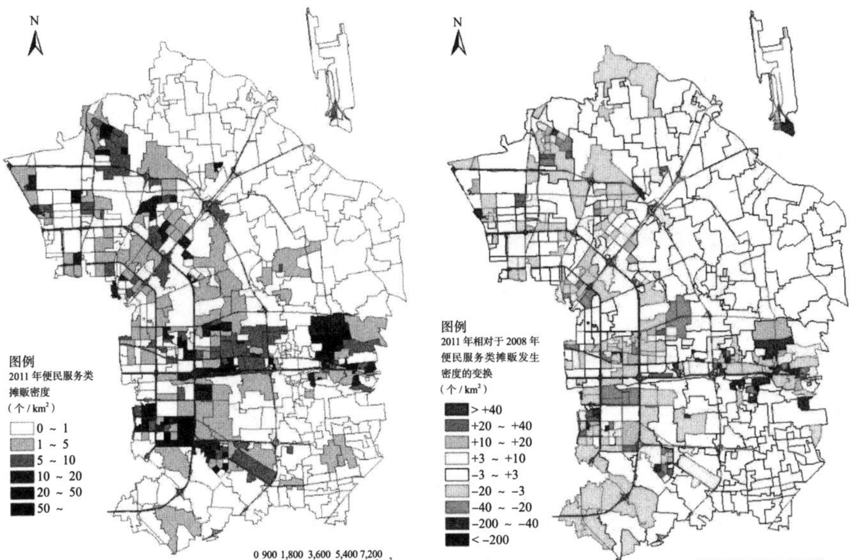

图 4-9　2011 年便民服务类摊贩发生密度的空间分布及与 2008 年的密度增减变化

规律。如图 4-9 所示，2011 年便民服务类摊贩密度最高的区域主要有双井（垂东、劲松北社区）、劲松（农光里中、劲松中）、南磨房（平乐园、南新园）、常营、高碑店（甘露园南里、康家园西、花北西）、来广营（绣菊园、紫绶园社区）、东风（石佛营东）等地区。其中，劲松、常营也是增幅最大的区域。这些便民服务类摊贩较为集聚的区域均为居民区，而在“第一集聚区”中的 CBD 等区域基本没有这类摊贩的发生。

服装类摊贩发生的密度普遍较低，密度大于 30 个 /km² 的区域仅有安贞里、左家庄街道静安里、八里庄东里、高碑店甘露园南里二区、三间房东柳树、劲松北和劲松中社区。这些以居民区为主的高密度区域同样也是近年来该类摊贩发生密度增幅最大的区域（图 4-10）。

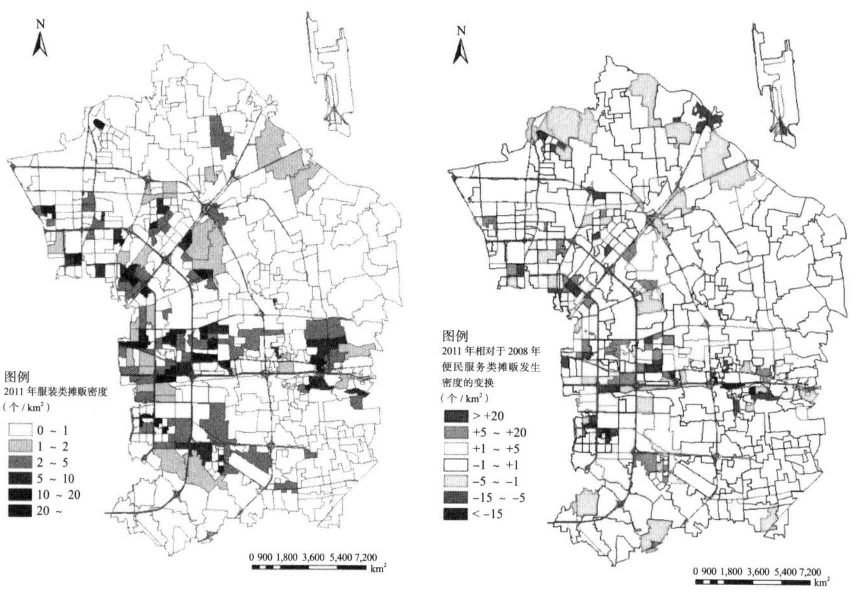

图 4−10　2011 年服装类摊贩发生密度的空间分布及与 2008 年的密度增减变化

日用百货类摊贩密度较高的区域有香河园（西坝河中里、西坝河南里、柳芳）、高碑店（康家园西社区、甘露园南里二区）、左家庄（三源里）、劲松（农光里、华威西里、劲松中、劲松北）、朝外（吉祥里）、团结湖（中路北、中路南）、六里屯（静水园）、呼家楼（金台里）、建外（北郎东）。若将日用百货类摊贩与便民服务类摊贩发生的密度分布进行比较可以发现，有一些区域（如劲松、高碑店的上述社区）同时高发，而另一些区域（如呼家楼和建外的上述社区）便民服务类的摊贩低发，但却是日用百货类摊贩的高发区域，这可能与当地服务设施的布局有关，即这些区域可能并不缺少提供理发按摩或修车修鞋的正式空间，但购买日用百货就可能不那么方便了（图 4-11）。

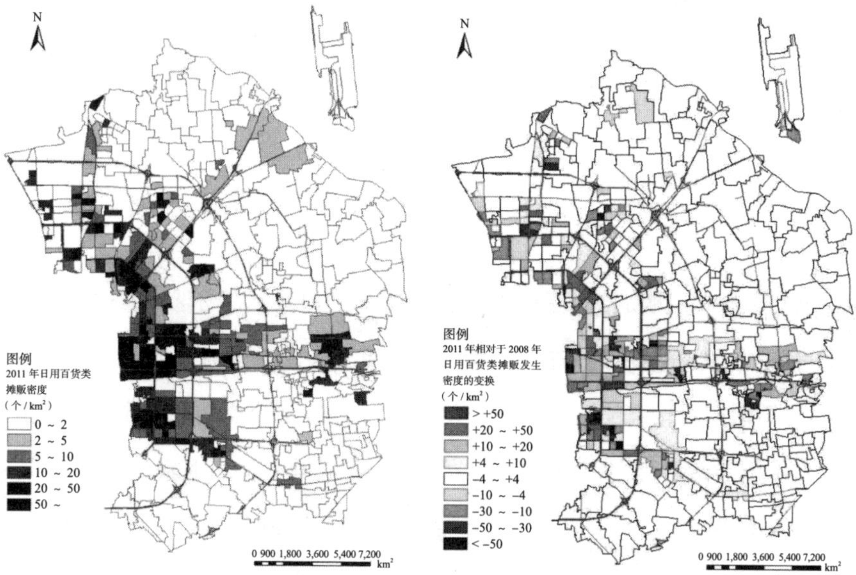

图 4-11　2011 年日用百货类摊贩发生密度的空间分布及与 2008 年的密度增减变化

废品回收类摊贩密度最高和近年来增幅最大的区域均集中在“第一集聚区”和“第三集聚区”，其中密度超过 100 个 /km² 的区域有东湖的利泽西园二区和望京西园二区、朝外的天福园、建外的北郎东和永安里、六里屯的静水园和道家园、团结湖的三四条和劲松的劲松中、农光里、农光里中、农光东里等社区（图 4-12）。

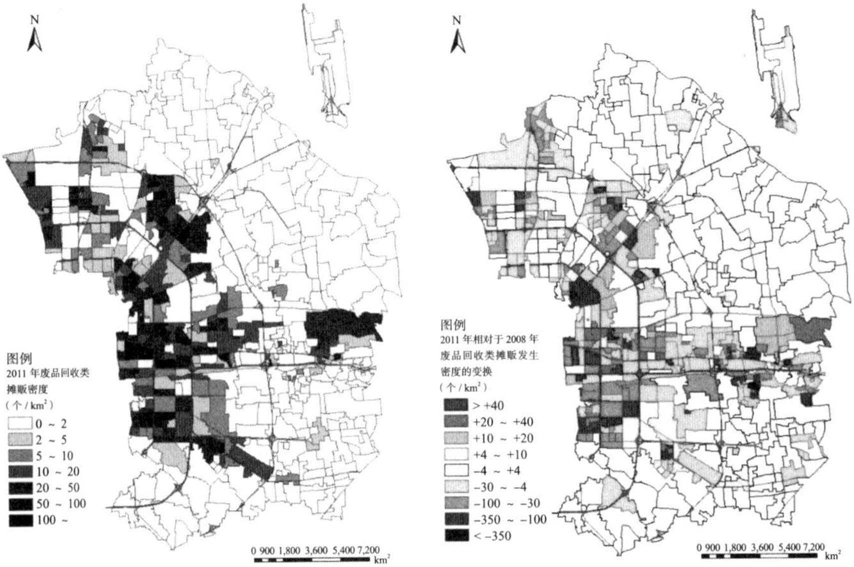

图 4-12　2011 年废品回收类摊贩发生密度的空间分布及与 2008 年的密度增减变化

书刊影像类摊贩的发生密度较低，相当部分的区域在所选时间内甚至没有发生过该类摊贩。这或与书报亭、便利店近年来在北京日益普及有关。相对而言，该类摊贩密度较高的区域（密度大于 10 个 /km^2）有香河园（西坝河南里）、三间房（定西南里社区）、左家庄（静安里）、六里屯（秀水园、碧水园）、八里庄（八里庄西里、八里庄东里）、建外（北郎东）、劲松（农光里、农光里中、华威北里、武圣农光、武圣东里）、垡头（垡头西里社区）等（图 4-13）。

饰品类摊贩的发生密度也不高，其中密度大于 15 个 /km^2 的区域只有大屯（慧忠北里第一）、酒仙桥（大山子）、左家庄（静安里）、三里屯（东三里）、三里屯（白西）、团结湖（中南路）、呼家楼（金台里）、八里庄（八里庄东里）、潘家园（潘家园东）。以上两类摊贩的发生密度和增幅均以“第一集聚区”最高，而“第二、第四集聚区”基本上没有这两类摊贩的集聚（图 4-14）。

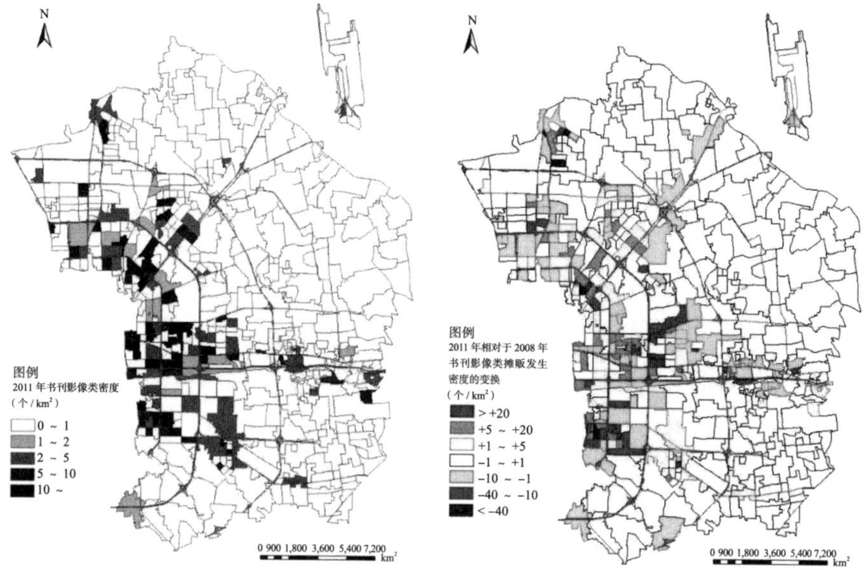

图 4–13　2011 年书刊影像类摊贩发生密度的空间分布及与 2008 年的密度增减变化

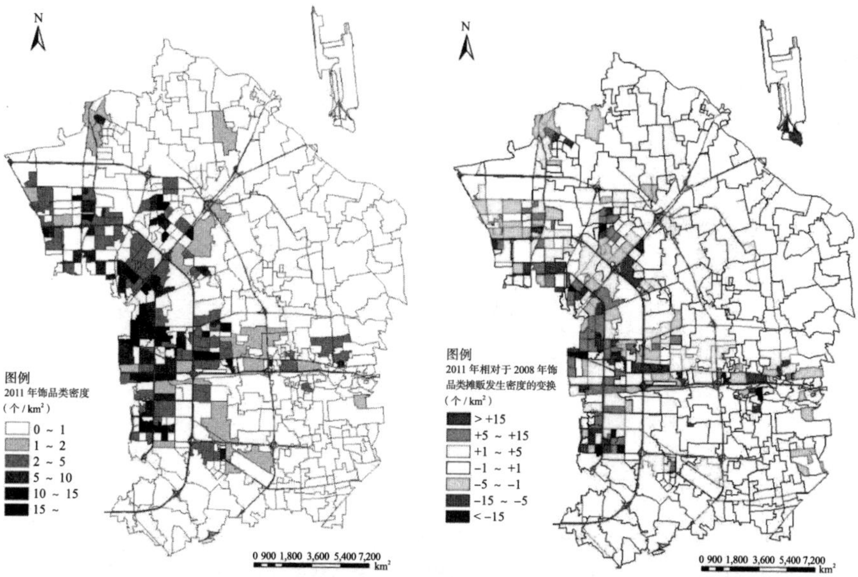

图 4–14　2011 年饰品类摊贩发生密度的空间分布及与 2008 年的密度增减变化

其他类摊贩发生的高密度和增幅最大的区域是“第三集聚区”，“第一集聚区”次之。其中较高密度（密度大于 30 起 /km^2）的区域有崔各庄（望京村）、太阳宫（尚家楼社区）、麦子店（霞光里）、建外（建国里）、六里屯（碧水园）、团结湖（中路北）、垡头（垡头一区）、香河园（西坝河南里、中里、东里及柳芳、柳芳南里）、高碑店（甘露园南里二区、花北西社区）、管庄（丽景苑）、劲松（劲松中、农光里中）和潘家园（潘家园东、潘家园南里、华威北里）等区域（图 4-15）。

摊群类摊贩的发生密度最高的区域除了潘家园（华威北里、武圣农光、武圣东里、磨房南里）外，主要集中在“第二集聚区”内的管庄（管庄西社区）、三间房（定北里社区、福怡苑）、八里庄（十里堡、八里庄东里、红庙北里）、东风（石佛营南里社区）等区域。而在“第三、四集聚区”摊群类摊贩的密度并不高（图 4-16）。

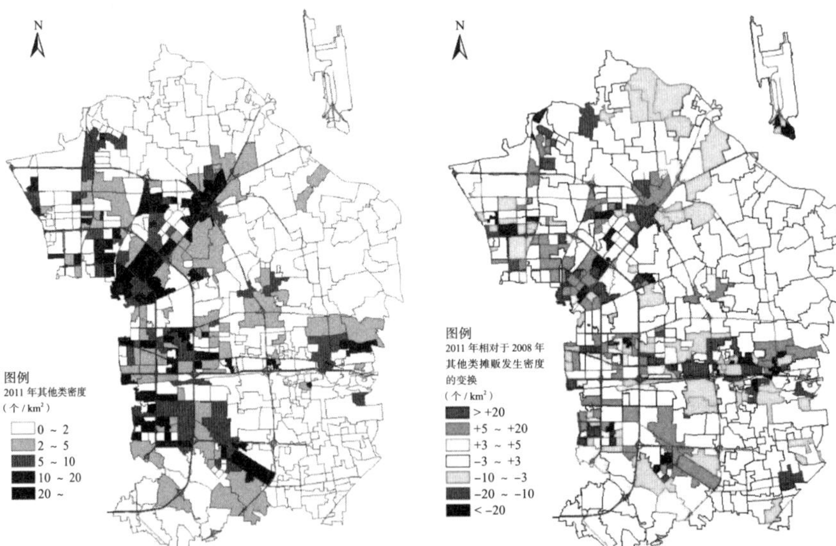

图 4-15　2011 年其他类摊贩发生密度的空间分布及与 2008 年的密度增减变化

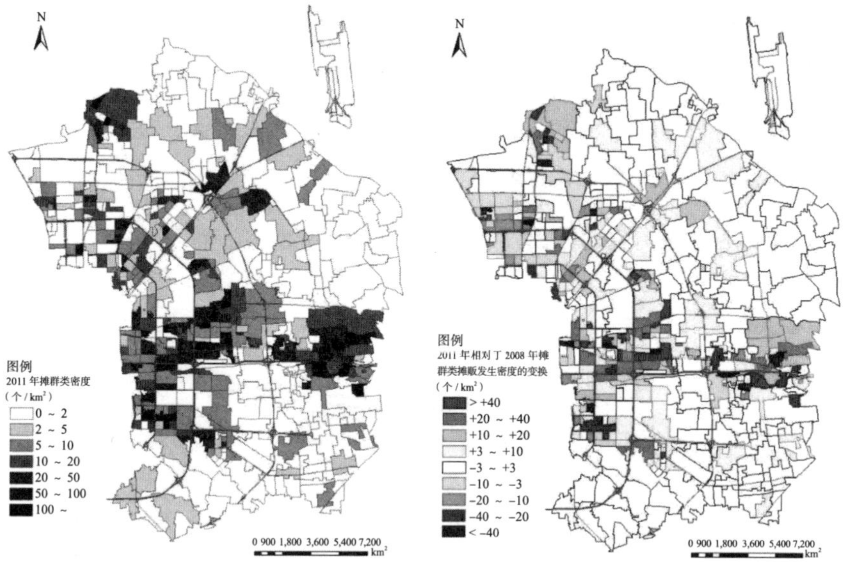

图 4-16　2011 年摊群类摊贩发生密度的空间分布及与 2008 年的密度增减变化

4.3　社区非正规空间的形成机制

那么在社区层面，以流动摊贩为代表的非正规经济的空间分布规律是怎样呢？是否存在一定的空间集聚现象？随着季节和工作时间不同，其集聚程度和集聚区域是否存在一定的规律性？本节以北京市朝阳区甘露园社区为案例分析流动摊贩集聚的扩散的规律。

4.3.1　甘露园社区概况

甘露园社区位于北京市朝阳区中部的东四环与东五环之间，面积约 0.57km^2。社区内多为 20 世纪 90 年代建造的居住楼房，同时受社区南部临近四惠东地铁站的影响[①]，每天也有大量的通勤人流经过该社区。调研发现，甘露园社区是一

① 四惠东地铁站同时是北京地铁 1 号线与八通线的换乘车站。

个以城市正式空间为载体、以服务居民和过境人流为主的摊贩高发区域。

如图 4-17 所示，加粗标示的街道为甘露园社区内的一条主干道，这不仅是因为联通社区外部需经由该条街道，还由于社区内人流集中的菜市场、开敞空间和地铁站等均位于街道两侧。人流的汇集和适宜的周边环境使得流动摊贩多集聚于此，这条街道的摊贩分布即是本书的研究对象。

图 4–17　甘露园社区内部空间布局示意

为了便于说明和分析流动摊贩在街道的空间分布规律，根据主要交叉口和周边环境特点，将该条街道分为 12 个路段和①～④四个路口（图 4-18）。其中，在地铁站附近的路段 1、2、3 布置有沿街商铺；路口④毗邻菜市场，路口②、

③设有通向社区内各居住组团的大门，因此路段 5 ~ 路段 8 是摊贩在高峰时段的多发区域；路段 9、11 附近有开敞空间，并可从街道北端出入社区。

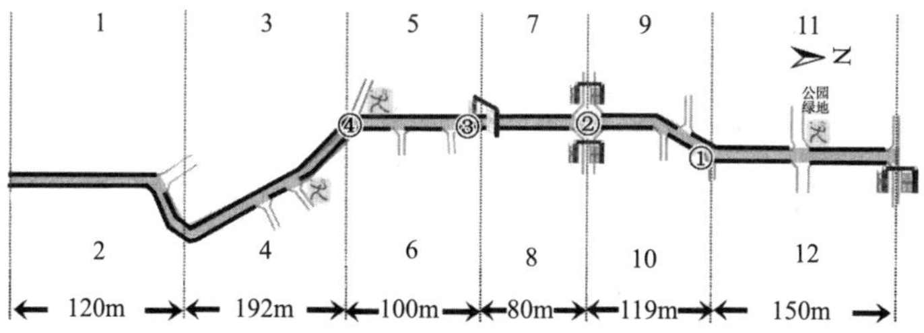

图 4-18　甘露园摊贩集聚的主要街道空间环境

4.3.2　非正规经济活动观察

对于社区内摊贩的观察时间，选择了两个工作日和两个休息日，即 2013 年 1 月 25 日（周五）、1 月 26 日（周六）、3 月 15 日（周五）和 3 月 16 日（周六）。主要对甘露园社区流动摊贩的空间分布和变化规律进行调研。其中 1 月 25 日在全社区的范围进行预调研和空间制图；其余三天记录街道上流动摊贩在多个时段（表 4-3）的空间发生信息，包括流动摊贩的空间位置、占地面积等信息。

流动摊贩的记录时段　　表 4-3

1 月 26 日		3 月 15 日		3 月 16 日	
时段编号	时间段	时段编号	时间段	时段编号	时间段
1	09：00-09：30	9	09：30-10：19	15	09：46-10：37
2	09：50-10：20	10	10：45-11：25	16	10：51-11：27
3	10：50-11：20	11	12：55-13：31	17	13：15-13：52
4	12：20-12：50	12	14：16-14：50	18	14：30-15：06
5	13：30-13：55	13	15：42-16：25	19	15：40-16：43

续表

1月26日		3月15日		3月16日	
时段编号	时间段	时段编号	时间段	时段编号	时间段
6	15：20-16：00	14	16：49-17：37	20	17：11-18：03
7	16：30-17：00				
8	17：45-18：10				

在记录摊贩空间信息的基础上，3月15日和16日调查者在各时段中以每4分钟为一单位，同步对各路段的人流量、人流方向、年龄段、停车数和临街商铺的经营情况等街道环境和街道使用者的信息进行实时记录。

在实地观察和现场记录后，以ARCGIS9.3软件为辅助，首先将摊贩的空间信息在街道的底图上进行标识（Elsheshtawy，2012）。然后，基于核密度估计的空间平滑方法探究流动摊贩集聚区位的特点，通过重心法探究各时段摊贩的区位变化，并且通过回归分析研究影响摊贩空间分布的因素。另外，也辅助以访谈法，通过与流动摊贩和社区居民的访谈，了解社区环境及摊贩空间选择的原因与习惯。

4.3.3 流动摊贩空间分布规律

根据观察发现，甘露园社区的流动摊贩空间活动与季节、是否是节假日、空间环境都存在密切关联，而其空间集聚的位置在一天中也会发生较大变化。

首先，就流动摊贩的发生概率而言，春季要多于冬季，周末要多于工作日。从三天的摊贩发生数量来看，1月26日（周六）、3月15日（周五）和3月16日（周六）该街道平均每个时段分别有52.5个、64.8个和90.3个流动摊贩。显见，春季流动摊贩的发生数量要大于冬季流动摊贩的发生数量；在同季中，周末流动摊贩的发生数量高于工作日流动摊贩的发生数量。从各时段流动摊贩的发生规律来看，午后均为摊贩发生的低谷期，而在午餐与晚餐前出现两个高峰，且以晚高峰的峰值最高。但在冬季，受白昼时间短、气温低等因素的影响，晚高峰的结束时间要早于春季。

从流动摊贩发生的街道位置来看，街道西侧的摊贩数在每一时段均高于街道东侧。1 月 26 日、3 月 15 日和 3 月 16 日三天街道西侧的流动摊贩发生数占总数的比重分别达 62.3%、54.5% 和 55.9%，这与西侧人行道距离更宽、开敞空间多，而街道东侧的停车较为密集等因素有关。另外，街道西侧与东侧摊贩数量的相对差值在冬季最大，这或与日照方向和季节特点有关。随着冬季的日照在午后由街道西侧向东侧转移，街道两侧摊贩的数量差距逐步缩小，而这在春季并不明显（图 4-19）。

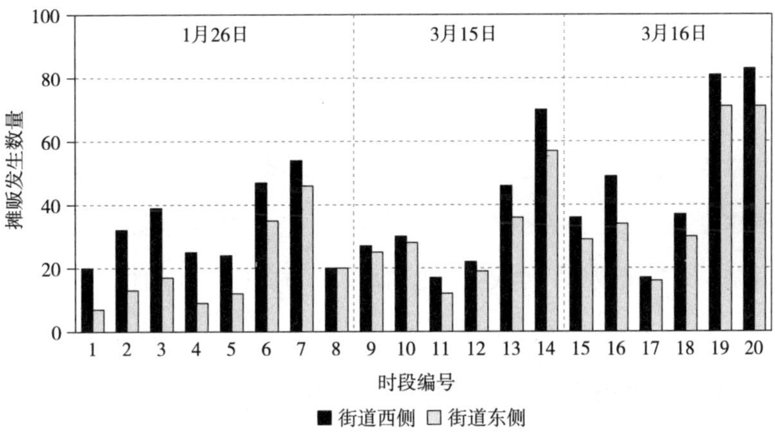

图 4-19　各时段流动摊贩在街道东西两侧的发生数量

第二，摊贩的发生并非在空间中均匀分布，而是呈现出明显的集聚分布格局。以 1 月 26 日摊贩分布的核密度图为例（图 4-20），流动摊贩以街道交叉口为集聚分布的主要节点。在密度增加的高峰时段，摊贩的高密度区域在节点间平滑相连；在低谷时段，摊贩在高密度的节点间则呈现非集聚的空白区域。

而不同节点的集聚强度在不同时段又随着各类摊贩的空间位移发生强弱变化。

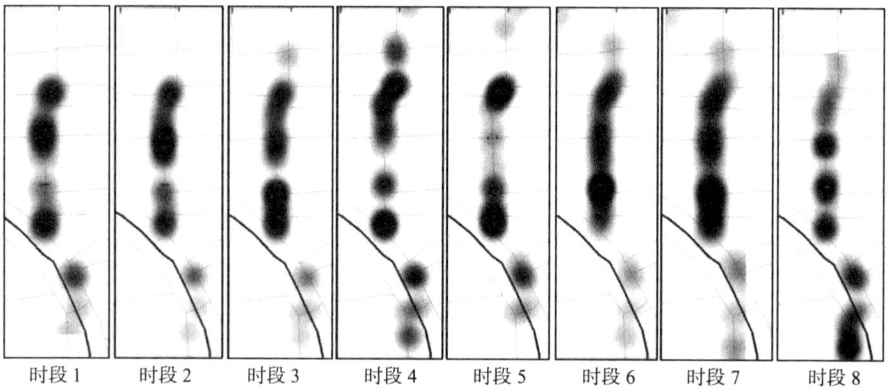

图 4-20　摊贩分布的核密度图（2013 年 1 月 26 日）

第三，摊贩在不同时段随着人流方向和人流量变化也会进行调整。在调查时段内，摊贩发生区位的重心均在一天中先由位于社区内部的街道北端向南移至路口③的菜市场附近，随着上午小高峰的过去又逐步向北移动。在晚高峰来临时，摊贩重心又转向邻近地铁站的街道南端移动，并且在冬季向南移动的距离较春季更远，这是由于冬季白昼时间短，至 18 时社区内部的路段 7 ~ 12 处灯光昏暗、人流量减少，摊贩更早地向地铁站方向移动导致的。

4.4　治理与空间重构：功能疏解与人口重新分布

自 2014 年，北京开始实施疏解首都非核心功能的政策（简称疏解政策），主要内容是加强政府管制范围，疏解与北京政治、文化、科技和国际交往功能不符的专业市场和企业、事业单位。那么，这种加强管制的治理手段对非正规经济活动的空间分布产生什么样影响？是否可以减少中心城区以及北京市域范围内非正规经济活动？以及其影响的途径和内在机制如何？目前学界和社会对此仍存在很大争论。本节以北京市海淀区的一个专业市场疏解为例，分析疏解政策实施之后对于市场内的经营者和雇佣者就业选择、居住选择和离京意愿的影响，从而从一个侧面反映加强管制的措施会对非正规经济空间结构产生的可能影响。

4.4.1　疏解非首都核心功能政策

非首都核心功能指那些与首都功能发展不相符的城市功能，而疏解非首都功能主要是指疏解与首都“政治中心、文化中心、国际交往中心、科技创新中心”不相符的城市功能。具体疏解内容包括四大类：①一般性产业，主要指高耗能、非科技创新类企业以及缺乏比较优势的生产加工环节；②区域性专业市场等部分服务行业，包括物流基地、批发市场、服务外包等；③部分教育、医疗和一些社会公共服务功能；④部分行政事业性服务机构（杜立群、和朝东，2016）。

其中，北京市中心城区内的常见专业市场也成为需要疏解的产业类型之一。目前在北京市中心城区内正在营业的各类专业市场大约有 519 所，歇业调整的市场 23 所，正在关闭搬迁的市场约 34 家（北京市规划设计研究院，2015）。这些市场在空间上整体分布比较均衡，局部地区略有集聚。相对而言，四环内区域聚集了较多的专业市场，而五环之外地区市场密度略有下降。此外，东部和南部市场集聚密度要超过西部和北部。

从中心城区市场经营类型来看，包括农副综合市场、农副市场、建材家居市场、服装市场、小商品市场、花鸟鱼市场、电子市场、文化用品市场、茶叶市场、珠宝工艺品市场、灯饰市场、旧货市场、汽配市场及部分其他类别市场。其中农副批发市场、农副市场、建材家居市场、服装市场和小商品市场数量较多，分别占到市场总量的 27.2%、14.7%、12.7%、9.8% 和 8.3%（图 4-21）。

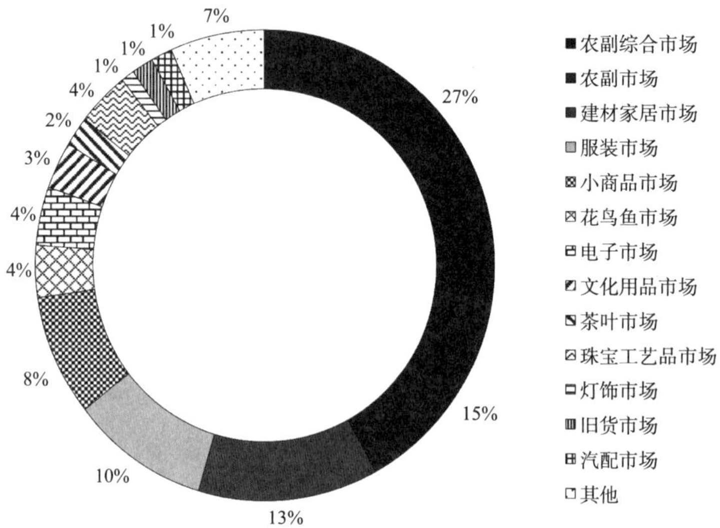

图 4-21　北京市中心城区市场经营类型

2015 年，非首都功能疏解工作进入全面实施阶段，疏解工作分为近期、中期和远期三个阶段实施，近期主要集中在对区域性批发市场、物流等传统服务业的疏解。2015 年拆除、清退升级改造市场 233 个，涉及建筑面积 251 万 m^2，商户 3.3 万户。2016 年以来累计停产不符合首都城市战略定位的制造业企业 174 家，调整疏解商品交易市场 25 家，疏解商户 1.2 万余户。计划在 2016 年关停、退出工业企业 300 家，完成关停清退、改造升级和疏解转移传统商品交易市场 90 个，完成动物园地区批发市场、天意小商品市场（阜外店）疏解转移，疏解升级大红门地区 16 家批发市场，加快推进官园、万通、百荣、世贸、永外城、红桥天雅、雅宝路地区等批发市场调整疏解和业态升级。同时也与天津、河北分别签订合作框架协议并推进产业转移疏解项目（表 4-4）。

截至 2016 年上半年，北京工商登记企业注册数减少，非首都功能疏解的成效似乎已经显现。全市新设市场主体 11.85 万户，同比减少 8%，不予办理的新设立或变更登记业务 2170 件；自 2014 版目录发布以来，不予办理工商登记业务累计达 1.5 万件，批发和零售业新设市场主体下降 29.8%。

北京市中心城区疏解计划 2016 年 表 4-4

片区	重点疏控对象	疏解人口指标
东城区	百荣世贸商城、永外城文化用品市场、南锣鼓巷主街、簋街和东华门小吃街	3.2 万
西城区	动物园批发市场	3.6 万
朝阳区	雅宝路和潘家园地区市场集群	9.8 万
海淀区	锦绣大地批发市场、果品、肉类和水产蔬菜等市场	12.9 万

资料来源：根据北京市政府网站 http://www.beijing.gov.cn/ 资料整理。

4.4.2 专业市场疏解案例现状

本节选择案例为位于北京中心城区的 TXC 小商品交易市场，总占地面积达 12600m^2，建筑总面积 24506m^2，其中违法建设面积约 9000m^2。市场主体部分为一栋三层大型商场，市场入口两侧、内部商场停车场对面及商场背面均为沿街商铺（私自加盖的违法建筑）。市场内共有经营商户 300 余家，涉及从业人员约 700 余人，主要经营类型包含餐饮、服装鞋帽、电器数码零售等行业。

本案例具有典型性，在中心城区存在着大量的批发零售市场。一般而言，这些市场区位地段良好，吸引了大量外来人口就业，市场客源不断、人流车流聚集，造成地区交通严重拥堵、环境秩序混乱、城市环境承载力时常处于超负荷状态，城区每年投入的管理成本较高，因此也被列为非首都功能疏解的首批产业疏解对象。疏解工作主要通过关停已有商场，终止商户经营并给予租金等方面的补偿，从而改造和腾退空间以引入新的符合首都功能定位的高科技、高附加值产业。

根据对市场搬迁工作人员、商户和居民的访谈，以及在此基础上对商户经营者的调查问卷，可以了解商户经营者或雇佣者经营类型、个人和家庭的基本社会经济情况。调查问卷在 2016 年 9 月市场即将搬迁时发放，发放对象为市场内 300 余家商户的经营者或雇佣者，共收回 198 份问卷。根据问卷内容可以了解市场经营的基本社会经济特征。

第一，市场经营商户整体以外来农村户籍的青壮年人口为主。在所调查的 198 位经营者或雇佣者中，97% 为外来人口，且以农村户口（占 79%）为主。而其年龄结构主要以青壮年为主，20 ~ 40 岁从业人员比例达 65%。受教育程度普遍以初高中学历（75%）为主，男女比例基本相平，超过一半受访市场从业人员已来京 10 ~ 20 年（表 4-5）。

调查对象基本社会经济属性　　表 4-5

基本特征	分类	比例
性别	男	46%
	女	54%
年龄	20 岁以下	3%
	20 ~ 40 岁	65%
	40 ~ 50 岁	25%
	50 岁以上	6 %
籍贯	京籍	3%
	非京籍	97%
户籍	城镇	21%
	农村	79%
学历	小学及以下	12%
	初中	39%
	高中（中专）	36%
	大专	11%
	大学及以上	3%

续表

基本特征	分类	比例
来京时间	5 年以下	18%
	5 ~ 10 年	23%
	10 ~ 20 年	47%
	20 年以上	12%

第二，商户内部社会经济分层现象明显。该市场一层、二层主要是服装类的专卖店，经营面积一般都在 40m^2 以上，而三层则以小商品为主，经营面积一般都只有 10 ~ 20m^2。从商铺租金情况看，商场一层和二层主要是服装衣帽的精品，与沿街商铺租金结构比例大致相同。其中商场二层近一半商户年租金成本为 5 万 ~ 10 万元；而商场三层近 70% 商户年租金成本在 5 万元以下（图 4-22）。

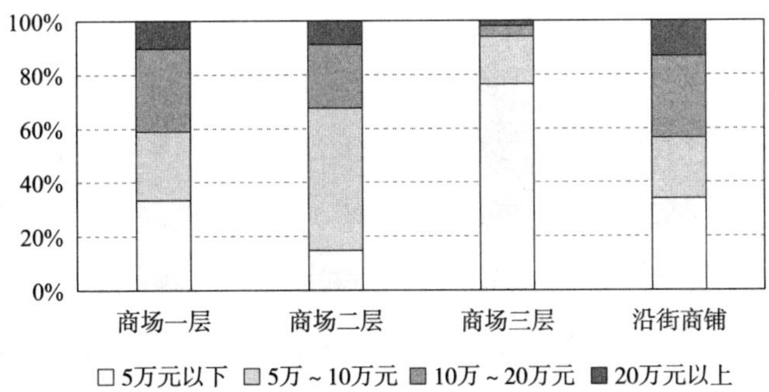

图 4-22　不同空间分区商铺年租金成本分布情况

而从商户收入情况看，不同年龄段收入情况也存在较大差异，超过半数以上的 20 岁以下商户经营者或雇佣者月收入在 1000 ~ 3000 元，整体收入水平中等偏下；20 ~ 40 岁商户近 80% 以上月收入在 3000 元以上，其中 40% 收入在 5000 ~ 10000 元；50 岁以上商户收入分层现象最为明显，同时收入在 1 万元以上的比例最大（约 50%）（图 4-23）。与 2015 年北京市在岗工作人员的月平均收入 9422.75 元相比，可以看出商户经营者和雇佣者的收入整体而言与北京市在岗工作人员月平均工资基本持平。

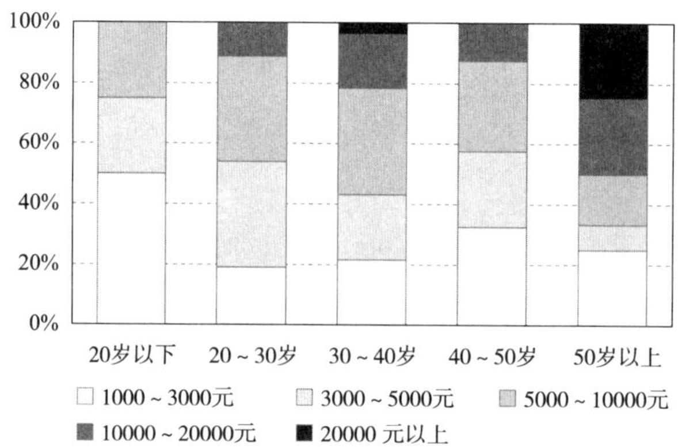

图 4-23 不同年龄段商户月收入分布情况

第三，商户对居住经营状态的整体满意度较高。从居住情况看，约 40% 商户对居住情况持满意态度，45% 商户表示一般。结合访谈情况可知，大部分商户对住房硬件设施没有太多要求，能满足家人生活基本需求、工作生活便利即可；从经营状况看，绝大部分商户（约 71%）从进京起就一直在该市场经营工作，工作环境熟悉稳定且市场内商户联系紧密，超 60% 商铺的员工雇佣方式为熟人雇佣，市场内形成较紧密的社会网络关系，近 54% 商户对在市场的经营状况持满意态度，34% 商户感觉经营状况一般（表 4-6）。

商户工作居住情况满意度统计 表 4-6

	非常满意	比较满意	一般	比较不满意	非常不满意
居住满意度	14.6%	26.0%	45.3%	11.5%	2.6%
经营满意度	20.9%	33.5%	34.0%	4.7%	6.8%

第四，商户居住地主要集聚在市场的周边地区。经统计分析得，市场商户居住条件以租房（88%）、村民自建房（67%）、住房总面积 20m^2 以下（63%）、房屋租金 2000 元以下（78%）为主，近 86% 的商户居住在市场所在的中心城区，其中 82% 居住在市场所在街道，大部分租住在市场旁边的城中村中，15 分钟以内即可到达上班地点的商户比例高达 70%，通勤较为便利。

4.4.3　经营者迁居意愿

此次疏解非首都核心功能，通过对不符合首都功能定位的低端产业的关停搬迁，一方面可以吸引高新产业进驻以实现产业升级优化，推动京津冀区域协同发展；另一方面可以通过优化产业发展布局带动人口结构优化。然而产业疏解能否真正起到预期作用，其实施效果仍要看这些从事低端产业的从业人员是否愿意离开北京，或者升级从事更加高端的产业。因此，对市场关停后商户迁移意愿的研究就对评估疏解绩效有着重要支撑作用。通过对于此次问卷调查的分析结果可以发现：

第一，大部分经营者并无离京意愿。如图 4-24 所示，被调查对象中约 68% 的商户（包括店主和员工）仍打算继续从事原有的经营活动，而留在北京的意愿则更高，约 68.3% 明确表示会继续留在北京，20.6% 的商户目前尚未确定是否留京，主要根据未来是否能找到合适的经营地点来确定是否继续留

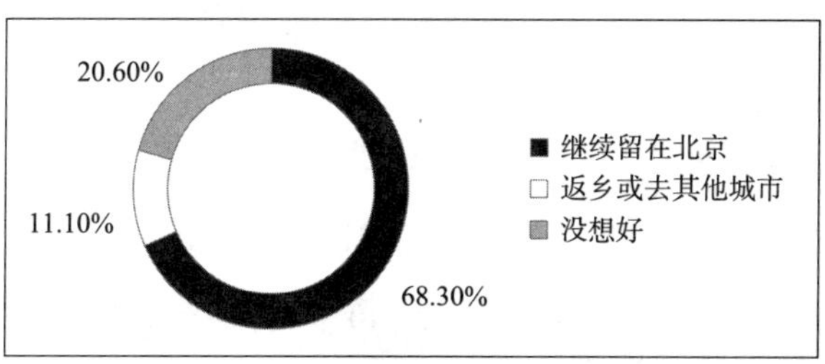

图 4-24　市场搬迁后商户搬迁的计划

在北京，只有 11.1% 的受访者计划迁移至别的城市或者返乡。

由于市场商户绝大部分为外来人口，约 83.3% 的商户随家人一起居住，其中 50% 和子女一起居住，因此以家庭迁移形式定居在北京的商户的留京意愿更强，而且由于大部分商户一直在该市场经营，其社会网络关系和人际资源较为稳定，再加上北京的公共服务资源和机会平台的吸引，所以商户整体的留京意愿较强。

第二，商户迁移意愿随其经济社会状况的差异而存在分化趋势。整体而言，随着收入水平的提高，商户从业人员的留京意愿会有所增强，但是调查对象中最高收入组选择离开北京的比例也很高，约 60% 的受访对象表示会继续留在北京，而超过 20% 的明确表示会离开返乡或去其他城市。

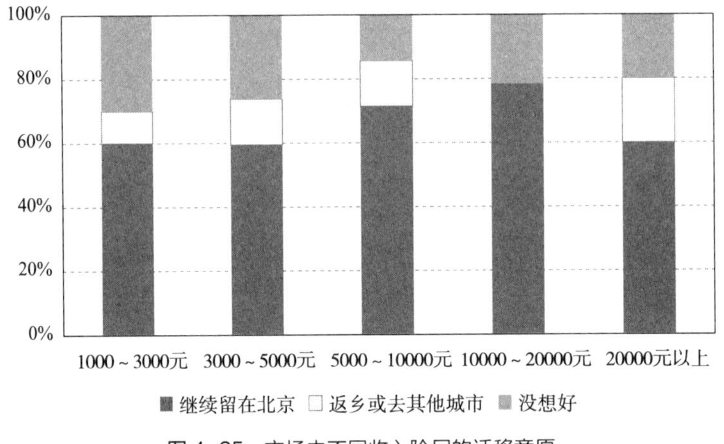

图 4-25 市场内不同收入阶层的迁移意愿

而年龄与外迁意愿之间的相关关系则更加明显，随着年龄的增长，商户留京意愿呈现下降趋势。其中 20 岁以下商户留京意愿达到 100%，而 50 岁以上商户留京意愿最低只有 58%；此外 30 ~ 40 岁的离京意愿仅次于 50 岁以上的商户（图 4-26）。

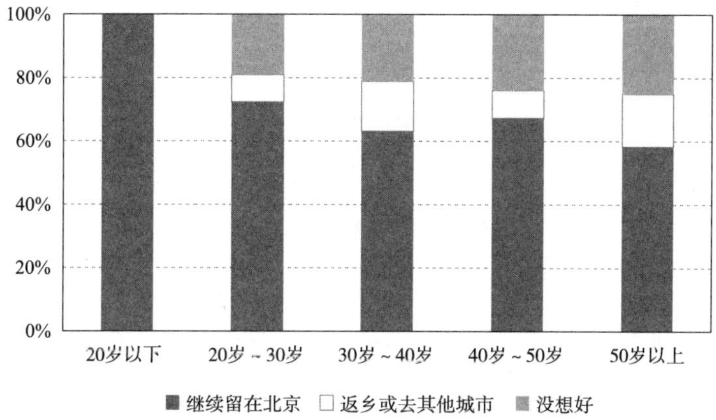

图 4-26　市场内不同年龄段商户的迁移意愿

第三，受雇员工留京意愿比店主更为强烈，而店主迁移意愿的不确定性更高。商场中约 60% 的经营者打算继续留在北京，而与之相比，超过 80% 的受雇员工希望继续在北京谋求工作机会。此外，经营者中打算改变职业或者经营类型的比率也较高，超过 30%，因此其迁移的不确定性也更高，而受雇员工中打算从事其他行业的则低于 30%。

4.5　小结

第一，城市中以流动摊贩为代表的非正规经济在各个社区中都普遍存在，但是分布密度和经营类型存在较大差异。整体上的空间格局呈现出“大格局稳定，但小区域易变”的特点，即流动摊贩在城市建成区、主要商业区、交通站点集中分布的趋势比较稳定。但是，在具体的社区和地段由于受到诸如政府管制、房屋集中整治和拆迁等因素影响，会呈现快速减少并在相邻的社区或地段内重新积聚的现象。

第二，通过关停专业市场，近期内疏解了北京城市中心区的产出效率低、对周边道路交通和城市管理带来明显负面影响的产业，为未来产业升级提供新的发展空间（张磊 等，2017）。但是，关停市场对于疏解从事低端产业从业人员的影响非常有限，只有少数原市场从业人员会选择离开北京去其他城市或者返乡，大部分受访市场从业人员仍然会选择继续留在北京市内，从事相似的经营活动。此外，市场关停也造成了市场内从业人员就业与居住的分异。年龄在 50 岁以上，或者已经积累了一定资本的市场经营者选择离开北京的比例更高，而年龄在 20 岁以下，或者是市场商户中的受雇者则更倾向于留在北京。

基于以上分析，未来有必要优化非首都核心功能疏解的政策目标和实施手段。首先，强制关停和引导升级的搬迁政策并举，区分服务区域性的市场和服务北京市内的市场。政府工作者和规划人员在产业疏解的同时应采取一定鼓励措施来解除商户对服装批发零售等低端经营模式的长期依赖，引导其转变固有的经营模式和传统思维，让这些商户转型为其他中高端经营业态或者更为优化的经营方式，例如转变专业市场为社区配送点和商品展示厅，为周边居民提供更好的服务的同时，减少对于外部交通、环境的负面影响。此外，现阶段，城市中非正规经济活动有其存在的必要性，通过市场搬迁等行政手段疏解低端产业就业人口，可能实施效果会远低于政策预期，且未充分考虑从事非正规经济人员在年龄、收入和选择上的差异。未来需要就不同年龄、收入水平、来京时间的从业人员，制定更为细化的就地提升和向外疏解相结合的政策。

第 5 章

非正规土地开发：规模与分布

非正规的土地开发和建设，主要是指违反产权法律法规、城市或土地利用规划规定，或者违反相关的审批程序流程的土地开发和房屋建设。非正规开发背后实际上反映出政府、市场和社会三方，以及政府不同层级和不同部门之间，围绕土地开发及其收入分配，所制定的权威性法规与相关利益主体认同标准之间产生的分歧。影响非正规开发背后既有市场因素，例如，随着城市的扩展，区位交通设施改善，土地价值的提升，而带来的大量土地开发需求，但是不加约束的市场机制也会违反社会公平、环境保护相关的法规；也有政府因素，政府权力职能的调整，政策导向改变，例如，征地权力上移，需要中央和省级政府审批，而此前省级以下政府也有征地权力，因此造成一些地方政府违规用地，进行非正式开发；还有社会观念和习惯的因素，例如，村民可能长期习惯向村集体申请宅基地、按需建房，并向乡镇政府备案，即使已经划定为城市规划区，但仍缺乏遵循城市规划的习惯。本章将从土地开发管制政策、非正规土地开发数量和空间分布三个角度分析我国非正规开发的整体情况和变化趋势。

5.1 土地开发管制政策沿革

我国土地供给的最终权力仍由中央政府掌握，为了保护耕地，实施自上而下的用地指标严格控制。土地利用总体规划及配合实施的土地利用年度计划是中央政府管理地方政府城镇国有建设用地总量和土地利用的主要工具。根据“土地利用总体规划编制审批规定（1997）"，土地利用总体规划按照行政区划分为五级，各级人民政府负责编制本行政区域的土地利用总体规划。在编制过程中，应当遵循"自上而下，上下结合；下级规划服从上级规划"的原则。其中，综合分析研究行政区域内用地需求、土地资源利用现状和潜力，制定规划期的土地利用目标及方针为国家、省、地级市编制土地利用总体规划的主要任务；以上级规划和当地土地资源特征为基础，落实用地指标、规模和布局等土地利用政策是县、乡一级标准土地利用总体规划的核心任务。

新中国成立后中国城市土地资源配置制度的具体演进过程如表 5-1 所示。中国土地使用权出让制度经历了由有偿向无偿公有化转型，而在改革开放之后，又经历了从无偿到有偿，从行政划拨到市场交易的演变过程。而市场交易各种类型之中，也经历了从以协议出让为主导，到招标、拍卖、挂牌出让方式占主体的演变过程。

土地使用权的制度演变　表 5-1

特点	市场机制	政府机制	时期	标志性文件
土地使用权由有偿转向无偿划拨	－	＋	1954 ~ 1978 年	《中央人民政府关于国有企业、机关、部队、学校等占有市郊土地使用费或租金问题的批复（以下简称"1954 年批复"）》
逐步建立土地使用权出让市场	＋	－	1979 ~ 1990 年	《中华人民共和国城镇国有土地使用权出让和转让暂行条例》
土地使用权出让市场蓬勃发展	＋	－	1991 ~ 1997 年	
规范土地市场（招拍挂逐渐成为最主要的出让方式）	＋	＋	1998 年	《中华人民共和国土地管理法》修订
禁止经营性土地采用协议方式出让	－	＋	2004 年	
控制城市增长边界	－	＋	2015 年	

首先随着城市土地国有化，城市土地使用从有偿转变为无偿使用，主要标志为1954年批复[①]和同年的《内务部答复国有土地问题》[②]中关于土地使用费的规定，国营企业可以不缴纳使用费或租金占用土地并将其作为资产，相同规定同样适用于国家机关、学校、部队等公共单位。国营、公私合营企业、事业单位无期限、无偿使用国有土地的管理体制从此建立，关于土地的行政计划机制和数量调控机制完全取代了以价格为调节手段的市场机制。

中国政府在改革开放之后，逐步放开对土地市场的管控，经历了土地交易从严格限制演变为鼓励交易，中国形成并发展了一级土地市场由政府垄断、土地市场城乡二元分割的市场结构。1984年辽宁省抚顺市开始全面征收城市土地使用费试点，国务院1988年发布了《城镇土地使用税暂行条例》，城镇土地使用税开始在全国范围内进行征收[③]。深圳市于1987年探索并实施了出让和转让城镇国有土地使用权的相关制度，紧随其后，1990年国务院正式发布了《城镇国有土地使用权出让和转让暂行条例》，进行了明确规定，可以采用协议、招标和拍卖三种方式进行土地使用权出让[④]。城镇国有土地市场自此有了法律保障而得以正式确立，政府能够采用土地征用的方式，把农村集体土地转为城市国有土地，而城市土地存在政府行政划拨和市场出让两种配置方式。

然而城镇国有土地市场确立之初，市场机制所影响的范围仍然非常有限。统计显示，直至1992年4月，全国开展土地使用权出让试点的仅有17个省市

① 1954年2月24日中央人民政府政务院《中央人民政府关于国有企业、机关、部队、学校等占有市郊土地使用费或租金问题的批复》规定“国营企业经人民政府批准占用土地，无论是拨给公产或出租购买，均应作为企业的资产，不必再向政府交纳使用费；机关、部队、学校经政府批准占用的土地，亦不交纳租金和使用费”。

② 全称为《内务部答复关于国营企业、公私合营企业及私营企业等征用私有土地及使用国有土地交纳契税或税金的几个问题》，规定“国营企业、国家机关、学校团体及公私合营企业使用国有土地时应一律由当地政府无偿拨给使用，均不再交纳租金”。

③ 参考1988年9月27日国务院发布的《中华人民共和国城镇土地使用税暂行条例》。

④ 参考1990年6月国务院发布《中华人民共和国城镇国有土地使用权出让和转让暂行条例》

自治区，实际有偿出让的土地面积占比也很小，总体来看，市场机制在提高土地资源配置效率方面的作用并不大。但在 1992 年之后，随着改革开放力度加大，经济建设提上日程，土地使用制度改革也得到了迅速推进，1994 年全国依法出让的土地占比已升至将近 20%。土地市场化机制的推进在提高土地配置效率方面发挥了积极作用。但利益驱动下的土地使用权出让也带来了土地供给总量的失控和耕地保护的巨大压力。特别是 20 世纪 90 年代末期，各地争相建设开发区、房地产市场空前火爆，土地资源总体稀缺，耕地保护形势严峻。在此背景下，中国的人地矛盾十分尖锐。

随着耕地保护日渐提上日程，1998 年修订的《土地管理法》对农业用地的使用进行了规定，严令禁止农村集体用地通过出让、出租或者转让方式开展非农业开发建设行为①。1999 年国土资源部在公布的“国土资发（1999）第 30 号”要求增加力度，实现土地使用制度的改革，在现有基础之上，扩大范围通过招标、拍卖出让的方式出让国有土地使用权②。2001 年国务院在公开的“国发（2001）15 号③”中提出需进一步对划拨用地范围进行严格限定，即若无相关法律明确规定使用划拨方式的，必须依法有偿使用城市国有建设用地。国土资源部 2002 年下发《招标拍卖挂牌出让国有土地使用权规定》，进一步细化了对出让方式的规定，将招标、挂牌和拍卖出让方式的使用范围规范为所有的城市经营性土地④，土地出让的市场化水平进一步得到提高。2004 年国土资源部和监察部共同签署国土部第 71 号令⑤，经营性项目用地的土地出让方式得到规

① 1998 年《中华人民共和国土地管理法》规定，“农民集体所有的土地的使用权不得出让、转让或者出租用于非农业建设”。

② 参考《国土资发（1999）第 30 号》。

③ 《国发（2001）15 号》中规定“除法律规定可以采用划拨方式供应土地外，其他建设需要使用国有土地的，均须依法实行有偿使用”。

④ 《招标拍卖挂牌出让国有土地使用权规定》中规定“城市经营性土地使用权必须采用的方式进行出让”。

⑤ 即《关于继续开展经营性土地使用权招标拍卖挂牌出让情况执法监察工作的通知》。

范，必须通过招标、挂牌和拍卖的出让方式公开竞价。除此之外，对于长期采用协议出让方式的工业用地，2006 年国务院下发的《关于加强土地调控有关问题的通知》中，明确了工业用地的出让方式和价格[①]。这一轮政策的颁布和实施促进了土地出让行为更加公开、公平、公正。招标拍卖和挂牌方式供应的国有建设用地面积的比重，从 2001 年的 7.3% 上升至 2011 年的 91%。

2014 年中央政府进一步收紧对于土地资源的管控，如《国家新型城镇化规划》提出要“严格控制城市边界”，国土资源部发布《关于强化管控落实最严格耕地保护制度的通知》，原则上对于拥有 500 万以上人口的特大城市“除生活用地及公共基础设施用地外”，不安排新增中心城区建设用地。上海提出减量规划，要实现“规划建设用地规模负增长”，深圳提出存量规划，通过实施城市更新实现建设用地需求。

5.2 非正规土地开发规模估测

非正规土地开发是指开发过程或者开发内容与法律、法规不相符的土地开发行为。关于土地违法行为的统计数据由于其涉及法律法规的灰色区域，同时在现实中很多违法主体如地方政府、开发者、居民、村民对于违法的认识也有很大差异，以及监管和统计所需的技术手段缺乏，所以，准确统计和界定各类实际违法的土地开发行为极为困难。本书主要参考由国土资源部编写的《中国国土资源统计年鉴》中的违法土地行为统计来进行分析。虽然该数据库难以做到实时同步反映违法土地开发行为，但仍然是目前国内关于土地违法行为最为权威的公开数据。

① 2006 年《国务院关于加强土地调控有关问题的通知》提出建立工业用地出让最低价标准统一公布制度，工业用地必须用招拍挂方式出让，其出让价格不得低于公布的最低标准。

针对土地违法统计数据，鉴于土地违法从发生到发现，再到立案侦查和结案之间有着时间差，《中国国土资源统计年鉴》中对于土地违法的统计分为三类统计口径：第一，本年发现违法，即报告期内发现的土地违法行为；第二，本年立案，指的是在报告期间，土地行政主管部门经过批准，立案并进行查处的所有土地违法案件；第三，本年结案，即报告期内经过土地行政主管部门处理已经结案的土地违法案件。如图 5-1 所示，各个统计口径的土地违法案件数据表现出较强的同步性和一致性，因此原则上各口径都可以衡量我国土地违法或非正规土地开发的严重程度（国土资源统计年鉴，2017）。

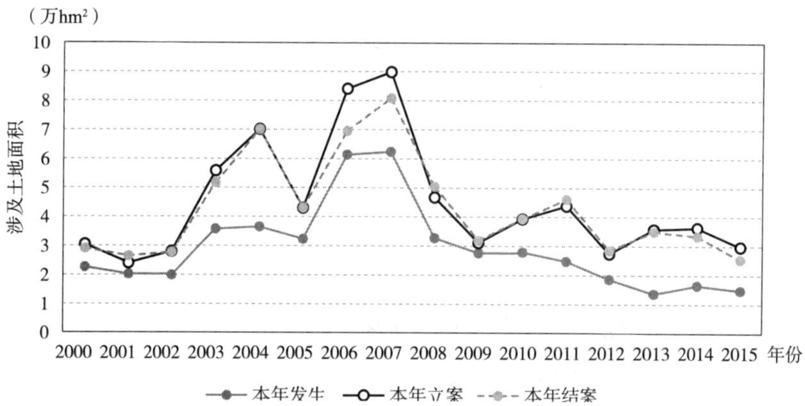

图 5-1　土地违法不同统计口径对比

土地违法数量的衡量指标可以有土地违法涉案面积、土地违法案件数和土地违法涉案耕地面积这三种类型。以“本年立案”为统计口径，1999 年以来土地违法现象如图 5-2 所示。从 1999 年起，土地违法案件数不断下降，并在 2009 年达到稳定，维持在约年均 4 万件，然而在 2013 年违法案件数有上升趋势，相比于 2012 年，违法案件数的增长率高达 59.1%。涉案土地面积自 2002 年起迅速上升，虽然在 2005 年遭遇低谷，但在 2007 年达到峰值，当年涉案土地面积高达近 9 万 hm^2。此后，涉案土地面积下降至 3 万 ~ 4 万 hm^2。涉案耕地面积随时间的变化趋势同土地违法涉案土地面积基本保持一致，并在近几年来保持着较为稳定的下降趋势。

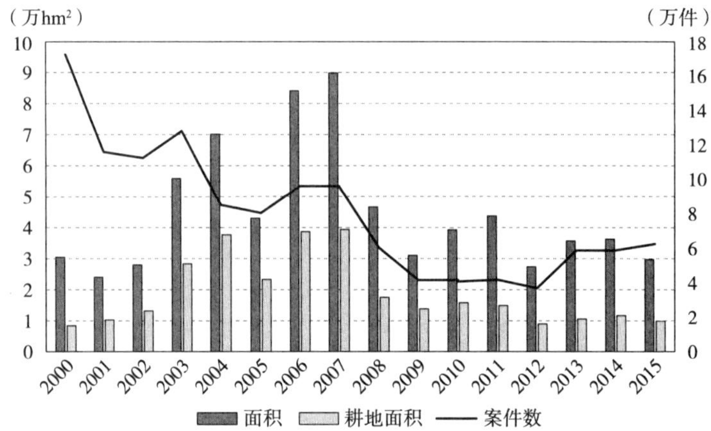

图 5-2　2000 ~ 2015 年全国土地违法情况

案均涉及土地面积的变化趋势如图 5-3 所示，1999 年至 2004 年，案均涉及土地面积呈现出快速上涨的趋势。6 年内从 0.18hm^2/ 件增加到 0.82hm^2/ 件，年均增长率高达 1.23 倍。虽然在 2005 年案均涉及土地面积出现下降，但从 2006 年起，又迅速增至 0.8hm^2/ 件左右。案均涉及土地面积的峰值在 2011 年达到，为 1.05hm^2/ 件，此后开始直线下降，2013 年该数值为 0.61hm^2/ 件，2015 年进一步降至 0.48hm^2/ 件。

从土地违法案件数来看，1999 年到 2013 年间，以个人为主体的土地违法案件数所占比例最高，基本维持在 90% 上下，其次是企事业单位。此外，土地违法案件数中政府主体的占比维持在 10% 左右，从内部结构来看，随着行政级别的提升，土地违法案件数不断降低，并以村（组）集体占比最高，占到 70% 左右。同时从绝对数量来看，无论是个人还是企事业单位，土地违法案

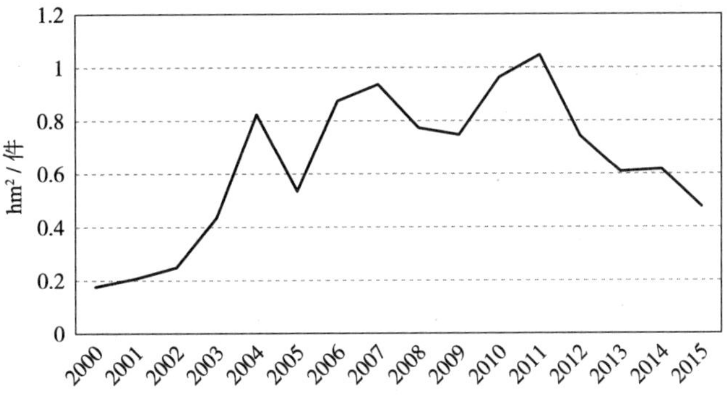

图 5-3　全国土地违法项目涉及土地的平均面积

资料来源：《中国国土统计年鉴》，2001～2016年

件数都随时间呈现下降趋势。然而值得注意的是，2013 年所有违法主体的违法案件数都有所增加，尤其是市级机关涉及的土地违法案件数是 2012 年该数据的 3 倍（图 5-4）。

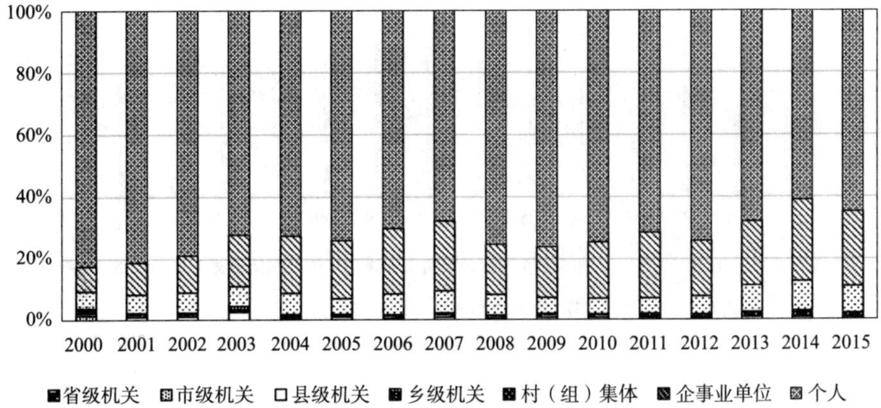

图 5-4　不同违法主体土地违法案件数占比（2000 ～ 2015 年）

资料来源：《中国国土统计年鉴》，1999～2016年

从违法涉及土地面积来看，1999 年到 2015 年间，以企事业单位为主体的土地违法行为占比最大，近几年占比维持在 60% 左右（图 5-5）。其次是个

人，占比在 20% 左右。以政府为主体的土地违法案件中，涉案面积也基本上随着行政级别的上升而下降，且近几年政府为主体的土地违法涉案面积所占比例有着逐渐减少的趋势。政府涉及的土地违法面积占比最大的年份在 2001 年，占比高达 44.1%。其中，省级机关占比在 2002 年达到最高点 5.3%，市级机关在 2001 年达到 6.25%，县级机关和村（组）集体分别在 2000 年和 2004 年达到最高值 17.9% 和 9.32%。个人违法最为猖獗的年份为 2006 年，该年涉案土地面积占比为 30.32%。2011 年，企事业单位土地违反面积占比达到峰值，为 67.65%。从绝对数量上来看，企事业单位和政府均在 2007 年的涉案面积最大，分别为约 5.2 万 hm^2 和 2.6 万 hm^2；个人在 2006 年涉案面积最大，约 2.8 万 hm^2。

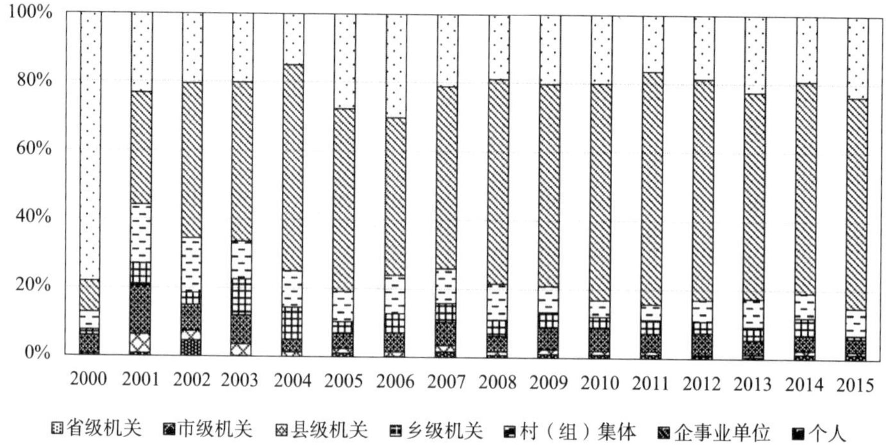

图 5-5 不同违法主体土地违法用地面积占比（2000 ~ 2015 年）

资料来源：《中国国土统计年鉴》，1999 ~ 2016年

各类违法主体历年来案均涉及土地面积如表 5-2 所示，个人为主体的土地违法案件涉及土地面积较小，2000 年到 2015 年之间，平均案均涉及面积 0.15hm^2，而省级机关为主体的土地违法案件的案均涉及面积达 7.53hm^2。个人和村（组）集体为主体的土地违法案均涉及土地面积随时间不断增加，并在 2006 年达到最

大值，此后开始缓慢下降。企事业单位的案均涉及土地违法面积随时间波动较大，峰值分别在 2004 年、2008 年、2010 年和 2011 年达到。省级机关涉及土地违法面积分别在 2002 年、2005 年、2011 年、2012 年和 2014 年都超过 $10hm^2$ 以上，随时间变化波动较大，无明显上升或下降趋势。市级机关和县级机关案均涉及土地违法面积在 2004 年、2006 年、2011 年和 2012 年较高，近些年来则呈现缓慢下降的趋势，而乡级机关案均涉及土地违法面积的下降趋势更为明显，此外，市级机关和乡级机关都在 2004 年达到峰值，分别为 $10.44hm^2$/ 件和 $4.99hm^2$/ 件。

各类违法主体案均土地违法面积（1999 ~ 2015 年）　表 5-2

年	省级 hm^2/ 件	市级 hm^2/ 件	县级 hm^2/ 件	乡级 hm^2/ 件	村 / 组集体 hm^2/ 件	企事业单位 hm^2/ 件	个人 hm^2/ 件
1999	2.45	0.92	1.13	0.49	0.49	0.94	0.04
2000	2.90	0.16	3.77	0.64	0.53	0.64	0.05
2001	3.04	6.29	2.58	1.07	0.61	0.67	0.06
2002	16.89	2.33	1.49	0.66	0.56	0.85	0.06
2003	1.75	5.39	1.28	1.14	0.70	1.12	0.11
2004	3.53	10.44	3.39	4.99	1.10	2.28	0.15
2005	10.72	1.53	2.02	2.09	0.83	1.31	0.18
2006	5.10	8.84	5.29	3.44	1.17	1.53	0.30
2007	8.13	6.27	6.17	3.45	1.14	1.88	0.25
2008	6.04	6.42	3.30	2.83	0.93	2.09	0.14
2009	5.40	4.40	3.56	1.92	0.78	1.86	0.14
2010	8.29	6.76	5.16	1.96	0.65	2.35	0.18
2011	12.32	8.37	4.31	2.03	0.65	2.28	0.17
2012	11.38	3.68	4.00	1.35	0.56	1.86	0.13
2013	5.08	2.30	1.87	1.22	0.46	1.43	0.16
2014	10.72	5.17	2.94	1.77	0.51	1.64	0.22
2015	9.20	4.40	2.42	0.34	0.48	1.38	0.20

数据来源：《中国国土统计年鉴》，2000 ~ 2016 年。

无论是从违法案件数还是从涉案面积上来看，绝大多数土地违法案件均为非法占地，而且其占所有土地违法案件的比例呈现出明显上升趋势。然而从绝对数量来看，非法占地案件数呈现出逐年下降的趋势，涉及土地面积则经历了先上升后下降的过程。其他类型土地违法所占比例较小，近些年来总和均低于10%。

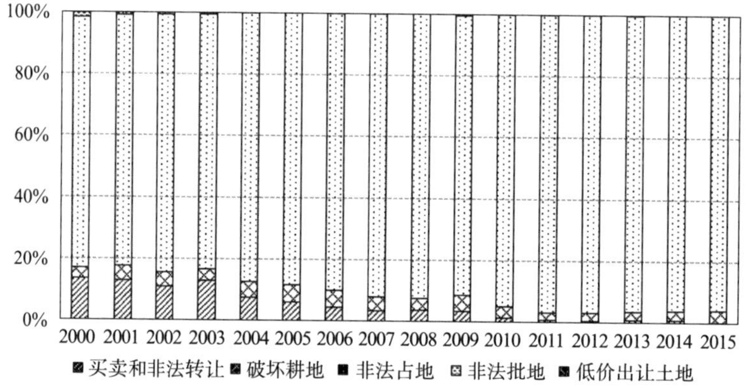

图 5-6 各类土地违法类型案件数占比（2000 ~ 2015 年）

数据来源：《中国国土统计年鉴》，1999 ~ 2016年

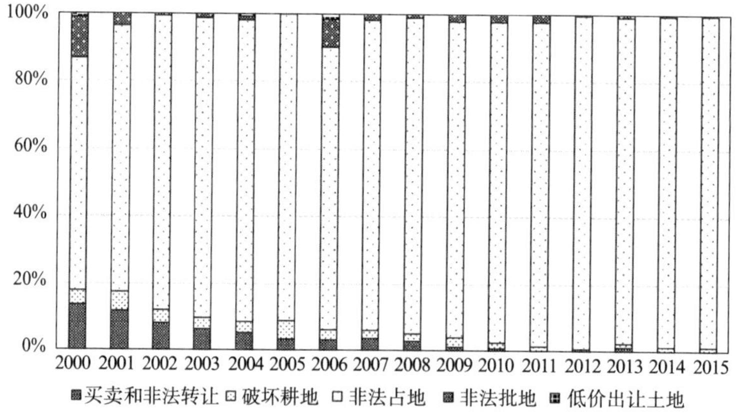

图 5-7 各类型土地违法类型涉案面积占比（2000 ~ 2015 年）

数据来源：《中国国土统计年鉴》，1999 ~ 2016年

各类土地违法案件均涉及土地面积如表 5-3 所示，其中，低价出让土地案件数较少，近几年甚至没有发生，除此之外，计算 1999 年到 2015 年的案均涉及土地违法面积发现，非法批地案均涉及的土地面积较大，其次是买卖和非法转让土地。

不同违法类型案均涉及土地违法面积（1999 ~ 2015 年）　表 5-3

年	买卖和非法转让 hm^2/ 件	破坏耕地 hm^2/ 件	非法占地 hm^2/ 件	非法批地 hm^2/ 件	低价出让土地 hm^2/ 件
1999	0.176	0.218	0.142	0.271	0.403
2000	0.218	0.252	0.179	1.698	1.093
2001	0.204	0.257	0.211	0.847	0.118
2002	0.183	0.199	0.250	0.191	0.256
2003	0.211	0.343	0.437	1.269	0.168
2004	0.447	0.378	0.621	2.330	62.555
2005	0.269	0.426	0.453	0.769	0.400
2006	0.651	0.451	0.774	24.272	282.193
2007	1.000	0.449	0.861	6.708	1.083
2008	0.469	0.310	0.549	8.749	0.050
2009	0.277	0.347	0.658	2.289	–
2010	0.630	0.367	0.786	6.800	–
2011	0.341	0.455	0.761	7.128	–
2012	0.290	0.188	0.662	0.995	–
2013	0.994	0.251	0.588	1.686	–
2014	0.235	0.213	0.501	1.177	–
2015	0.443	0.119	0.360	1.178	–

数据来源：《中国国土统计年鉴》，2000 ~ 2016 年。

5.3 非正规土地开发的空间分布

关于土地违法的空间特征，陈志刚等以 1999 ~ 2007 年为研究区间，考察了全国土地违法的空间分布，结论表明整体上中国的土地违法现象的空间分布是分散的，然而在局部区域，如长三角和华北平原等地区，土地违法现象呈现出明显的集聚态势。土地违法的空间蔓延趋势随时间推移变得越来越明显，同时也表现出阶段性的空间集聚态势（陈志刚，2010）。陆汝成和黄贤金研究发现，1999 年到 2007 年间中国违法占用耕地现象存在地理空间邻近效应（陆汝成等，2011）。本节则分别以当年发现的土地违法案件数和涉案土地面积为基础数据计算土地违法重心，通过观察重心的空间变动探讨土地违法近些年来的空间分布趋势。根据分析，可以发现土地违法案件数的重心有着向东北再向西北移动的趋势，土地违法涉及面积的重心移动趋势与之类似，但其向西移动的趋势更为显著一些。而且土地违法涉及面积的重心均位于土地违法案件数重心的北部，反映出北部的土地违法性质更为严重，但是南部的土地违法发生频率更高。

以上对于土地违法空间特征的分析均采用土地违法总量数据，但是，考虑到各省人口规模、经济发展需求不同，为客观分析实际的土地违法数量，有必要进一步对人均数据进行分析。2000 年的人均土地违法现象较为严重的地区主要集中在云南、贵州、内蒙古一带和华北地区。2005 年人均土地违法现象严重的地区增多，最为严重的地区主要集中在西部和北部，此外沿海地区也呈现出较高的人均土地违法涉及土地面积。2010 年土地违法现象进一步在空间上扩散。从全国来看，整个东北地区和部分华北地区有着较高的人均土地违法涉及面积，一些沿海地区，如山东省和广东省的土地违法现象得到改善。2013 年土地违法现象从空间上来看，集中在了西部地区。除辽宁省和黑龙江省等少数省市之外，东部地区的土地违法现象呈现减少趋势。

比较各省 2000 年、2005 年、2010 年和 2013 年当年发现土地违法涉及土地面积占当年所有土地供给的比例，可以发现 2000 年违法供应土地的状况集中在华北和华中地区。2005 年的土地违法现象进一步扩大，覆盖了除华南地区以外的大部分地区，青海的土地违法面积占所有土地供给的比例最高，宁夏、山西和贵州的土地违法现象依然较为严峻。2010 年中部和东部地区的土地违法有所减少，尤其是沿海地区，山西省的土地违法依旧突出，东北地区的土地违法现象开始加剧。2013 年东北地区的土地违法持续加剧，除此之外土地违法主要聚集在西部地区。比较这几年来土地违法在空间上的变化，虽然没有呈现出较明显的空间聚集态势，但是出现了局部集聚和此起彼伏的演变趋势。

5.4　小结

与其他国家相比，我国非正规土地开发与建设中非常典型的特征之一就是违法主体中还包括省、市、区（县）、乡镇政府。这也反映出我国土地开发权管制背后的层级式的行政架构，以及土地管制权力高度集中于中央政府的特点，在此背景下，即使是在地方代表国家权力的地方政府，往往会成为违法主体，支持或者直接进行非正规的土地开发与建设。而在其他大多数的国家，虽然政治力量也会介入非正规开发，但是政府、市场和社会之间的管制与开发的矛盾更多由于同一层级各部门、各政党派系之间，或者在特定行政辖区内部，各方力量博弈的结果。此前，Smart 等在研究我国违法建设时也注意到这一特征（Smart et al.，2015），即政府作为违法行为的主体，尤其是基层政府及其工作人员在土地违法建设中所起的推动、支持、庇护、抑制等多重作用，而具体采取那种行为具有高度的灵活性和不确定性，受到上级政府监督力度、地方经济社会环境、工作人员的社会网络和考评等综合影响。

地方政府是土地违法的重要主体。但是，如果一个辖区内经济所有制结构中，国有成分越多，反而土地违法越少。其重要原因之一就在于，现行的土地体制中，国有单位的政治资本更强，更容易获得土地指标。此外，虽然政府，尤其是中央政府掌握了土地供给的垄断权，但土地指标在各地如何分配仍具有一定谈判空间。当地方政府具有较强的谈判能力，即拥有较强的政治资本时，就能够以较低的成本获得更多的土地指标。在土地市场的需求和市场交易环境一定的情况下，能够抑制土地违法。

我国土地开发管制实施效果也越来越明显。其重要特征就是在 1999 年以来，土地违法案件数呈现出明显的下降趋势，但是涉及的土地违法面积则经历了先上升，然后在 2007 年开始下降的过程。土地违法案均涉及面积不断增大，但近几年则稍有下降。地方政府和企事业单位是土地违法的重要主体，且土地违法涉及的面积比重在逐年加大。无论是从违法案件数还是从涉案面积上来看，绝大多数土地违法案件均为非法占地，所占比例在 90% 以上，而且其占所有土地违法案件的比例呈现出明显上升趋势。土地违法案件数的重心有着向东北再向西北移动的趋势，土地违法涉及面积的重心移动趋势与之类似，但其向西移动的趋势更为显著。而且土地违法涉及面积的重心均位于土地违法案件数重心的北部。土地违法在空间上主要呈现出随机分布的趋势。

第6章

村集体土地上的非正规开发

村集体土地上的非正规开发主要是指未经政府批准而转变土地用途，以及在集体土地上的房屋开发量未经政府审批，或者超出政府所颁布的标准。与城市土地相比，涉及村集体土地上的开发规则类型更加多样，各省、市都出台了赋予村集体经济组织和村民家庭一定土地开发权的规则或标准。此外，相对而言，城市土地开发的市场化程度较高，且有一套比较完整、有序的标准，而村集体土地开发仍然还保留着非常强的集体受益、按需平均分配的传统，同时，由于受到城市扩张的影响，村民越来越认识到土地的价值，不再满足于按照居住需求平均分配宅基地，按照生活需求平均获取集体经济组织收入，而倾向于以家庭为单位，获得土地的增值收益。由于各方对于公平与效率认识上的差异，以及土地市场价值的凸显，导致在村集体土地上进行非正规开发也已成为我国各城市的普遍现象。整体而言，在市场经济高度发育、政府管制力度较弱的城市，集体土地上的非正规开发现象更为集中，问题也更为突出；而在市场经济发育不完善、政府管制较宽松的城市，集体土地上的非正规开发强度和集中程度也相对要缓和一些。为深入分析这一现象，本章分别从产权视角、城镇化的影响以及城镇化不同阶段的城中村、城边村和远郊村视角来分析村集体土地上的非正规开发现象。

6.1 开发权作为一种嵌入地方的社会关系

6.1.1 产权视角的土地开发权

产权界定大致可以从三个视角理解：第一，主要基于新古典经济学理论，认为产权是“一束权力”，是产权所有者对于资产使用、资产收益、资产转让的控制权（Alchian，1973；Cheung，1968）；第二，基于法律视角，认为产权是国家承认并保护产权所有者的权利，这种法律权利作为一种规则，将强化产权所有者的经济权利属性，但是前者对于后者而言即非必要、也非充分条件。正如不被法律所承认和保护的非正式开发权，仍然具有经济价值，产权所有者仍然可以使用、收益和交换，只是价值可能远远低于受法律保护的产权（Brazel，1997）；第三，基于社会关系视角，认为产权实质上是一种社会关系，或者说嵌入在社会关系之中。产权关系的结果，取决于社会关系如何。即产权实质上是一组“社会关系”（周雪光，2005；马良灿，2009；臧得顺，2012；田先红 等，2013），而所有权只是社会所承认的控制权（Alchian，1973）。

产权制度的形成过程则通常有两种模式：一是产权制度作为一种规则，处在永无止境的缔约过程，即规则的制定贯穿于实施过程；而在另一种模式下，缔约规则已经在别处（政治领域）形成，相关者只需服从，不容随便更改，否则将有专业法律权威介入、解释并强迫实行（张静，2003）。非正式开发权的形成则是自上而下政府制定的法律、法规与自下而上实际开发行为与收益分配之间的差异所造成的。

6.1.2　村庄宅基地开发权类型

土地开发权问题首先需要考虑现有的产权约束，以及在此约束下政府、市场、居民（村民）实际的交易行为和各项土地权益的归属。根据《土地管理法》的规定，“城市市区的土地属于国家所有。农村和城市郊区的土地，除由法律规定属于国家所有的以外，属于农民集体所有；宅基地和自留地、自留山，属于农民集体所有”。

在我国农村，大量建设土地用于住宅建设，而村民住房获取与城市居民存在极大的不同。首先，村民可以在农村土地集体制之下单独拥有宅基地使用权，而在大多数情况下城市居民都只能单独享有住房的使用权，共同享有土地使用权，而土地所有权仍归于国家（Sargeson，2002；Ho，2015）。我国20世纪80年代开始推动城市住房的市场化和商品化改革，而农村住房在法律上并没有发生改变，农村宅基地获取仍保留较强计划经济时期平均分配的特点。例如，规定明确指出农村住宅不可自由交换；农村集体必须将宅基地平均分配给集体成员；宅基地不可向集体成员以外的人员转让（Ho，2015）。然而，在实践工作中，考虑到地方土地稀缺性、生活方式、风俗习惯以及政策沿革，不同省市，甚至不同区县对于宅基地申请要求、宅基地面积和建房标准都存在极大差异（Ho et al.，2003；Long et al.，2007；Tian et al.，2009；Wang et al.，2012）。

第二，农村住宅与宅基地产权界定和执行存在模糊空间。Ho（2005）提出，对于"谁拥有这块地"这个简单的问题，村民，村干部，省级政府和中央政府官员会给出不同的答案。此外，由城市扩张加剧而引发的宅基地价值飞涨也使得实际的土地产权变得更加不明晰（Webster et al.，2003；Wu et al.，2013；Zhao et al.，2011）。因此，在实践中，农村宅基地分配的实际规则能够从不同程度上将市场机制和行政指令结合在一起。这些规则源于实际，是"内生的且自发性的"（Ho，2013；2015），并且导致了村庄之间以及村庄内部村民取得宅基地的更多差异（Tang，2002；Long，2007）。

总的来说，本地村民事实上可以通过以下四种途径获取宅基地：集体无偿分配，有偿分配，拍卖和本村村民内部土地交易（Cai，2003；Sargeson，2002；Long，2007；Yang，2007）。这四种方式将行政指令与市场机制，正式与非正式融合在一起。例如，通过集体无偿分配获取宅基地的方式源于计划经济时期，并且是受法律保护的；而有偿分配的方式则是一定程度上考虑到宅基地的市场价值，但是与法律、法规存在一定差异；而拍卖与土地私下交易则是更多地体现了市场机制的作用，但同样不能完全被法律所保护。尤其是当非集体经济组织成员购买宅基地之后，当权益产生冲突时并不能受到法律保护，而当涉及拆迁、城市更新时，其得到的补偿也往往会低于正式的村集体组织成员。

农村获取宅基地最为主流的方式仍是集体无偿分配。根据《土地管理法》中“一户一宅”的原则，没有宅基地的农户家庭可以从所属村集体通过无偿分配的方式获取一块宅基地。其中，“村集体”意指一个“行政村”，而行政村往往又包含多个自然村或社。依照法律规定，行政村是组织村委会和党支部的基本单位，但在集体土地产权方面，尤其是集体土地收益权分配机制上，不同区域实际上仍存在较大差异。根据 20 世纪 90 年代末期的一项全国性调查，40% 的农村是由村集体拥有该农村集体土地所有权，而 45% 的农村则是由村社拥有（Cai，2003）。理论上，行政村和自然村（社）必须根据中央政府和省级政府的规定分配宅基地。但实际操作过程中，占有丰富土地资源的村集体分配给该村村民的宅基地通常会超过规定的要求（Long，2007），而如果村集体中已经无地可分，那么村民也难以享受到“一户一宅”的政策，在快速城市化地区，往往会出现由于土地资源稀缺而导致符合“一户一宅”条件的村集体组织成员难以获得宅基地。因此，行政村或自然村土地资源、区位等也将会影响村民实际获取的宅基地。

获取宅基地的第二种方式就是有偿分配。虽然在法律上并未明确，甚至在某种程度上并不认可这一方式，但它实际上仍然存在于我国农村。有偿分配的方式申请资格上与无偿分配相似，都需符合“一户一宅”的基本条件，但是需要向所属村集体或村社支付一定费用。而其名义在各地也存在明显差异，或称之为手续费，或称之为宅基地使用费等，但是，所支付费用仍大大低于宅基地的市场价值，所以有偿分配仍是基于公平原则分配宅基地。虽然，在实际操作中，仍有村民凭借其社会关系、经济实力，获取面积更大、区位更好的宅基地（Cai，2003；Wang，2012）。

从 20 世纪 90 年代前期开始，沿海一些富裕的村庄开始通过拍卖的方式分配宅基地（Tang，2002；Sargeson，2002）。这个方式虽然之后被政府严令禁止，但它仍然扩展到更多的村庄（参与其中的宅基地数量仍然有限）。拍卖方式得以出现，主要缘于村庄治理的独特性以及土地的稀缺性。在我国，土地是由村民集体而非个人所有，所以，村集体内的所有成员必须平等享受宅基地的效益，否则村集体内部将会出现抗议和斗争。对于拥有足够且价值较低宅基地的村庄，无偿分配宅基地是保证每个家庭平等享受效益的方式，但并不是所有的村庄都占有足够的宅基地，特别是城中村或是近郊村。由于当地政府连续征收土地的情况以及本地村民日益增长的建房需求，这些村庄的土地都变得高价且匮乏。在这样的情况下，用无偿分配的方式将宅基地分配给有限的村民将不能公平地分配土地效益，且势必引发大部分村民的不满。为了减少矛盾，一些村集体开始尝试用拍卖的方式将宅基地分配给符合宅基地申请条件的村民或者能够支付更高价格的其他本村村民。而其他村民则可以通过分红、工资和福利的方式享受拍卖带来的土地收益，所以这个方式得到了更多村民的支持。然而，拍卖宅基地的方式挑战了基于平等的农村宅基地法定分配原则，导致有能力支付宅基地高额拍卖费用的本地富裕家庭将获得更多宅基地。

另外，一些本地村民通过与他人交易的方式交换宅基地，而这种方式只有在交易双方同属于一个行政村的情况下是合法的（Sargeson，2002；Ho，2005）。由于转让人不可以申请获取另外一块宅基地，所以只有永久性离开家乡或者负债的村民才会选择出售个人宅基地。而在传统习惯上，农村社会中往往对于出售宅基地，尤其是出售祖宅的村民持鄙视态度，而这往往也造成许多村庄中宅基地闲置现象，在土地经济价值较低的偏远地区，这一现象尤为明显。

6.2 城镇化与非正规土地开发

城镇化对传统农村社会造成很大冲击，不仅改变和影响着农村的经济结构、人口结构和社会习俗，同时也改变了土地的经济价值。原本用于自住的宅基地由于有了外来人口的租房需求，而成为村民经济收入的重要来源；村庄中的农地或者闲置用地转租之后，改变用途也能给村集体组织和村民带来丰厚的收益；由于城市发展的需要，不断向村集体征地，给村民带来可观的经济补偿或者建设用地指标（留用地），一方面使得村民脱离了农业劳动，另一方面，也带来了可用于开发建设的“第一桶金”；非正式土地开发带来的巨大收益使得村民内部的社会网络不仅没有削弱，反而在共同捍卫其土地收益的诉求下不断强化，村民的集体行动能力不断增强（Zhang et al.，2015）。在这些因素的共同作用下，在我国各城市，尤其是经济快速发展地区，以及与城市中心区、交通枢纽和干线、开发区的临近地区，集体土地上的非正规土地开发普遍存在，已经成为各地方政府城市规划和城市管理中难以回避的重要问题。

6.2.1 城镇化与村庄的经济社会分异

首先，城镇化会影响村庄中的人口结构。传统村庄是一种封闭、稳定的社会，即所谓的礼俗社会，虽然我国户籍规定，村庄中男女双方都可以去对方家落户，然而，事实上按照传统的嫁娶习俗，一般都是女方随男方迁入，村庄内部人口结构整体上保持稳定。随着城镇化进程推进，村庄内村民就业、经济水平、社会习俗发生改变，也引起了传统村庄中人口结构的改变。对于受城市扩张影响较大的城中村和城边村而言，由于其地理位置接近城市中心，就业和兼业机会较多，所以大量村民由传统的农业劳动，进入到第二、三产业，获取更高收入。与此同时，城镇化推进也使得城中村和城边村土地价值凸显，村庄中集体土地往往被征用为国有建设用地，村集体和村民可以获得相对其农业收入而言更高的土地补偿款，或者在不改变土地所有权情况下，将土地出租给企业获取较高的租金。而在原本村民家庭使用的宅基地上，由于外来人口涌入带来的住房需求，也使得村民可以有机会将自住房屋改建、扩建用于出租，从而获得稳定的租金收入（Tian，2008）。整体而言，越是靠近城市的村庄，其村集体和村民收入高于远离城市的远郊村（Zhang et al.，2016）。此外，传统村庄集体经济中基于内部所有村民的成员权，按照“人头”分配集体收益的方式（曹正汉，2007；姚洋，2000），也很大程度上在城中村或城边村延续，家庭中新增户籍人口也可能享受集体经济分红、土地补偿、宅基地、养老医疗方面的收益。村庄经济收入提高，以及相应的福利待遇，使得城中村、城边村对周边村庄中户籍人口具有较强的吸引力，传统女方随男方迁入的模式也会发生改变。许多富裕的村庄，婚后男方随女方迁入的案例也屡见不鲜。与之相对应，远郊村庄中的村民户籍人口数量则相对会减少，或者以相对较慢的速度增长。所以，城中村和城边村的户籍人口数量增长速度总是高于远郊村。

而对于常住人口而言，城中村、城边村与远郊村之间的差异更为明显。城中村和城边村中，除了户籍人口之外，还集聚了大量的外来人口，尤其是在城中村，外来人口数量甚至远远超过本村的户籍人口。而远郊村庄中由于周边就业机会较少，所以外来人口比例也较低，本村的户籍人口中，中青年劳动力也往往由于务工需要，平时并不在村中居住，日常在村庄中居住的大多是老年、妇女、儿童。

除人口结构之外，城镇化还可能引起了村庄之间集体经济组织结构的分异。自 20 世纪 80 年代实施以家庭为单位的生产责任制以来，村集体组织对于村民家庭在农业生产和家庭收入中直接影响下降，村民家庭收入主要取决于其劳动力数量、能力、资源和网络，村集体组织则主要负责村庄中的一些福利、公益性质的公共事务管理。而 2005 年以来的免除农业税改革，则进一步削弱了村集体组织对于村民的影响。因此，村民对于村庄公共事务的关注程度，以及对于村集体组织的重要性认知程度，相较计划经济时期都大大削弱了（贺雪峰，2006）。随着城镇化进程，一些靠近市区中心、交通便利的村庄，通过征地和土地房屋出租等方式，其集体收入增加，来自村社集体的分红成为其重要的收入来源，村集体组织对于村民家庭的影响扩大，因此也导致村民对集体事务的关注程度日益增强。而原本趋于弱化的村民社会网络和联系，也由于城镇化所带来的土地征收、房屋补偿、宅基地上房屋建设等议题，而变得日益密切。村民希望通过集体行动来与政府、企业和其他外部团体进行博弈，因此在这些村庄，村集体组织的重要性以及村民的参与程度都有所增强。由此也导致村集体组织中的经济职能大大加强，村委会所管理的资产总量快速增长，类型也日趋多样，出现了专门从事集体经济管理的股份公司，而围绕资产管理权、收益权所引起的争议也层出不穷。虽然，村党委书记仍然由乡镇一级党委确定，相对比较稳定，但是，在城中村、城边村，围绕村委会主任竞选而展开的竞争，甚至冲突则日趋激烈。

传统宅基地分配制度赋予村民一定数量的用于自住用途的房屋建设用地，而随着城市扩张，距离城市较近的村庄已逐步由非商品化的自住房转变为商品化的出租房屋，宅基地的市场价值得以体现。在此情况下，村民宅基地取得动机除满足自住需要外，部分富裕村民对宅基地的需求更大程度是用于投资。一方面，村民追求在已有宅基上的高强度土地开发，用于外来人口出租屋或商铺。另一方面，村集体内建设用地资源随着城市扩张而愈发稀缺，宅基地分配方式也由无偿划拨转为缴纳一定费用，甚至在一定范围内（行政村或自然村内）拍卖取得，这使得宅基地成为村内具有合法身份的富裕村民的投资产品，从而加剧了村庄内部的收入差距，也就形成村庄内有父子几户人共用一块宅基地，与一户家庭同时拥有多块宅基地的差异。

一般而言，集体土地上的建设用地开发权主要分为三类：宅基地、集体产业用地、集体公共用地。虽然按照相关法律[①]规定，以上三类土地都属于村集体所有，但是在具体的土地使用、收益分配、转让和补偿方式上确存在较大差异，而在实施过程中，政府法律法规条文和村庄实际执行的习惯做法之间亦存在较大差异。

第一，宅基地分配和使用方面，相关法律法规[②]虽明确规定了“一户一宅”为基本原则的分配方式，但是在实施过程中已逐渐偏离其福利性原则，宅基地在土地价值不断市场化过程中转变为私有财产。以广州为例，该市宅基地政策整体框架遵循《宪法》《土地管理法》中规定的“一户一宅”、禁止买卖的基本原则，分别于 1994 年颁布《广州市农村居民住宅建设用地管理暂行规定》，2001 年颁布《广州市农村村民住宅建设用地管理规定》，二者之间主要对“一户一宅”宅基地面积略有上调，但是基本原则仍然是福利性质、禁止买卖。

广东省人民政府 2013 年草拟了《广东省农村宅基地管理办法》，对于宅基地取得和交易方面则制定了切合实际的规定。首先，对不同历史时期取得的宅基地采取更加多样、灵活的方式予以登记。主要内容包括：1982 年《村镇建房用地管理条例》实施前，农村村民建房占用的宅基地，且在实施后至今未扩大用地面积的，可以按现有实际使用面积进行登记；1982 年《村镇建房用地管理条例》实施起至 1987 年《中华人民共和国土地管理法》实施时止，农村村民建房占用的宅基地，超过当时规定面积标准的，超过部分按当时国家和地方有关规定处理后，可以按实际使用面积进行登记；1987 年《中华人民共和国土地

① 1982 年《中华人民共和国宪法》第十条“农村和城市郊区的土地，除由法律规定属于国家所有的以外，属于集体所有；宅基地和自留地、自留山，也属于集体所有。”

② 1962 年《农村人民公社工作条例（草案）》（即人民公社六十条）中规定：人民公社社员享有买卖或租赁房屋的权利。1963 年 8 月 20 日，最高人民法院出台的《关于贯彻执行民事政策几个问题的意见（修正稿）》规定，宅基地上的附着物，永远归社员所有，社员有买卖房屋或租赁房屋的权利。房屋出卖后，宅基地的使用权随之转移给房主，宅基地的所有权仍归集体所有。

管理法》实施后，农村村民建房占用的宅基地，超过当时规定面积标准的，按照实际批准面积进行登记。其面积超过规定标准的部分，可在土地登记簿和土地权利证书记事栏内注明超过标准部分的面积，待以后分户建房或现有房屋拆迁、改建、翻建、政府依法实施规划重新建设时，按有关规定作出处理，并按照本办法规定的面积标准重新进行登记。

第二，宅基地可以进行有限交易。“鼓励农村集体经济组织成员出售依法取得的‘一户一宅’之外的农村房屋，房屋所在的宅基地使用权相应转让。符合第十条宅基地‘一户一宅’申请条件的农村集体经济组织成员，报（乡）镇人民政府（街道办事处）同意，可以购买本镇区域范围内农村集体经济组织成员的房屋，并取得相应的宅基地使用权。”

而事实上，村民所占用的宅基地面积整体而言均超过标准，福利为主的宅基地分配与基于家庭私有产权的市场交易混合在一起共同作用，导致村民家庭之间也存在较大差异。在经济较为发达的广州农村地区，由于受城镇化影响程度不同，以及城市建成区逐步向外扩张，原本差异并不明显的村庄开始分化。

以广州农村地区为例，在2013年，该地区约有本地农村家庭766611户，户籍人口2610842人，户均宅基地面积148.4m^2，人均宅基地面积43.6m^2。受到城镇化影响程度不同，各个类型行政村在宅基地、住房建设方面存在差异，并出现明显分化趋势。如表6-1所示，城中村中自建住宅平均层数为2.5层，而城边村则为1.8层，远郊村1.3层。此外，在户均拥有的宅基地数量方面，普遍都存在户均超过一宗宅基地的情况，城中村户均宅基地2.25宗，城边村2.79宗，远郊村2.65宗。然而在实际调研中发现，当地村民一般都会拥有两宗宅基地，其中一宗宅基地面积较小，面积在25 ~ 40m^2，基本上都是20世纪80年代之前取得，而另外一宗宅基地则是80年代以来取得，面积基本按照要求为80 ~ 100m^2。

广州农村地区宅基地状况（2013 年） 表 6-1

	城中村	城边村	远郊村
户籍户均宅基地数量（宗 / 户）	2.25	2.79	2.65
户籍户均宅基地面积（m^2/ 户）	161	193	153
户籍户均住房建设面积（m^2/ 户）	401	366	199
平均层数	2.5	1.8	1.3
户籍户均人口数量（人）	3.1	3.5	4.0
户籍人均宅基地面积（m^2/ 人）	52.1	56.2	39.0
户籍人均建筑面积（m^2/ 人）	129.2	107.0	50.6
常住人口人均住宅建筑面积（m^2/ 人）	44.3	54.9	44.3

数据来源：根据广州农村地区数据信息库和广州统计局 2013 年年鉴整理

城中村和城边村的空间分布也基本上与城市空间扩张同步，如图 6-1 所示，其空间分布基本上都是环绕城市中心区、主要交通干线和站点、镇区和开发区

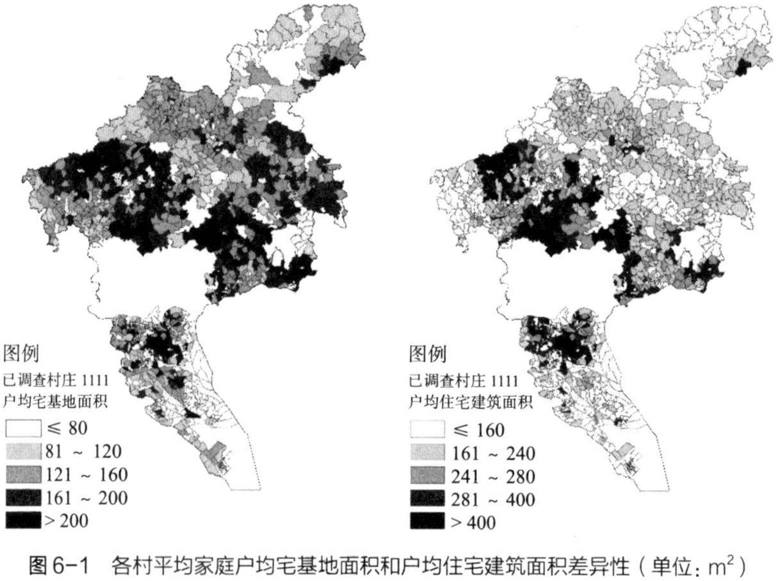

图 6-1 各村平均家庭户均宅基地面积和户均住宅建筑面积差异性（单位：m^2）

周边分布，形成密集的分布特点。此外，各行政村内部村民家庭之间建房面积也随着城镇化的发展而产生分化，由此导致各村村民平均家庭户均宅基地面积存在明显差异，增城区、白云区鹤花都区、番禺区部分村庄村民的户均宅基地面积均较大，但从户均建筑面积来看，增城区大部分村庄相对较低。而且各村的村内不同村民之间的差异性也非常显著，通过 GINI 指数比较可以发现，村内家庭间宅基地面积差异性不大，但住宅建筑面积差异性很大（图 6-2）。

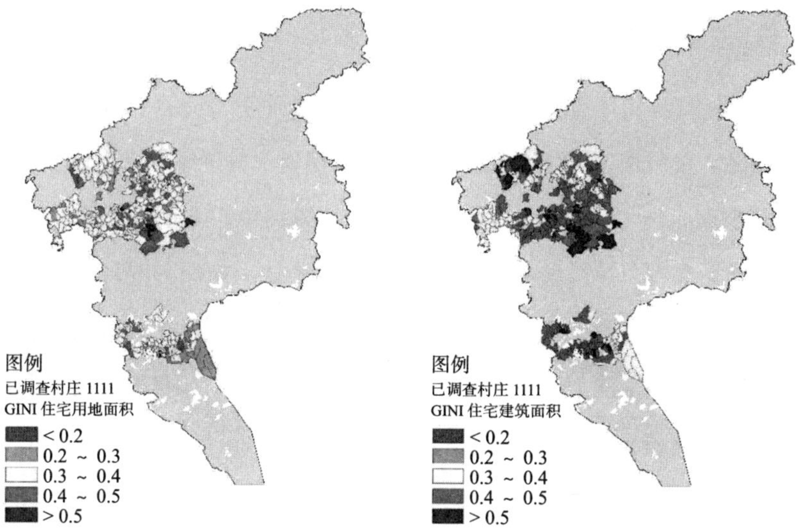

图 6-2　村民住宅占地面积和房屋建筑面积的 GINI 系数

6.2.2　城镇化影响下的宅基地分配机制

城镇化过程中村集体产业用地对于村民收入影响增强，这也是导致村民收入差距的另外一个重要因素，村庄规划管理则会影响行政村和自然村（社）给予村民的集体经济收益。在此需明确村集体的概念，虽然从行政管理角度，行政村是我国农村管理的基本单位，但在农村产业用地的开发、受益主体上各地区则存在明显差异。以广州农村地区为例，村集体主要包括行政村和自然村（社）两级，在产业用地收益分配上则是以社为主，以行政村为辅；而在经费支出用途方面，行政村主要保障村民的基本服务（养老、医疗、社会管理、扶贫），而社级组织则主要是以分红方式提供村民经济收益。在该地区，村集体留用地以及村集体的非正规开发产业用地中，其基本分配方式为行政村占土地收入的10% ~ 20%，而社（自然村）占80% ~ 90%。由于区位差异，行政村之间以及同一个行政村不同社之间分红差距明显，集体经济收入较高的社，在2015年，其成员可以年分红2万 ~ 3万元，而收入较低的社则不足1000元。

村集体中部分集体产业用地的使用、利益分配和转让也存在政策与实施相脱节的问题。按照相关法律，农村集体产业用地属于村集体所有[①]，产业用地的取得需要审批取得，如果由集体经济组织以外的单位和个人使用，则需要村民会议同意和乡（镇）政府批准[②]。然而，法律中对集体组织界定并不明确，而随着市场经济推进和城市发展所带来的土地价值提升和旺盛的市场需求，村集体产业用地主要来源为历史遗留的集体经济建设用地，城市发展过程中通过政府返还留用地和违章占用的建设用地。

在1998年之前，对于农村土地管制较松，而珠三角地区大量的外来加工业催生出大量未经审批的村集体产业用地。此后，随着土地利用法规对新增建设用地管制增强，尤其是农用地转为建设用地方面的严格控制，大量占用农地用于村集体建设的趋势得到有效遏制。但是，由于现有法规实施过程中无法有

① 2004年《土地管理法》第十条“农民集体所有的土地依法属于村农民集体所有的，由村集体经济组织或者村民委员会经营、管理；已经分别属于村内两个以上农村集体经济组织的农民集体所有的，由村内各该农村集体经济组织或者村民小组经营、管理；已经属于乡（镇）农民集体所有的，由乡（镇）农村集体经济组织经营、管理。”

② 农民集体所有的土地由本集体经济组织以外的单位或者个人承包经营的，必须经村民会议三分之二以上成员或者三分之二以上村民代表的同意，并报乡（镇）人民政府批准。

效追溯历史上违章的建设问题，这样就造成村集体产业发展在历史上违章建设量大的村庄多占多得，而守法者或者较偏远村庄的利益则相对受损。

而另一类村集体合理取得建设用地的方式则通过留用地政策。所谓留用地是指国家征收农村集体土地后，按实际征收土地面积的一定比例，作为征地安置另行安排给被征地农村集体经济组织用于发展生产的建设用地。留用地的使用权及其收益全部归该农村集体经济组织所有。即在政府征地过程中，返还一定比例的建设土地作为村集体经济产业发展使用[①]。留用地方式不仅保障了村民征地时的权益，同时也为其长期发展提供了一定空间。

而在执行过程中，一方面，由于留用地使用过程中手续复杂，在申请使用过程中需要付出大量的时间、精力，并需具备多方面的专业知识，了解政府的工作程序，这对于村集体而言执行具有一定难度；另一方面，地方政府考核中更加关注经济产值的增长，工作中更倾向于实施能带来经济效益的项目和一些重大的公共基础设施项目。在上级配给土地指标越来越紧张的条件下，地方政府一般会将土地指标供给以上两类项目，而村集体留用地的用地指标落地则需要推后很长时间，部分留用地甚至长期难以兑现，这就造成村集体中普遍存在虽然有留用地但无法落地建设，给村集体和村民带来效益，在此情况下，村集体和村民往往会采用违章建设方式，开发和利用其产业用地。

---

① 20 世纪 80 年代初期起，广州市开始在个别征地项目中承诺预留一定比例的留用地给村集体；在 1995 年，广州市人民政府颁布的《广州市土地管理规定》中明确规定，“市辖区可按所征土地总面积的 8% ~ 10% 留出，代管市可按所征土地总面积 10% ~ 12% 留出。《留用地使用上》留出的土地，应于批准征地的同时按照城市规划统筹划定；供被征地单位发展第二、第三产业，安置剩余劳动力，但不得用于建房出售。”2000 年 11 月，广州市人大常委会废止了《广州市土地管理规定》，留用地的政策暂停；2005 年，广州市全面恢复征地安排留用地安置方式；2008 年，广州市明确提出落实农村土地征用留用地政策，并开始清理 1992 ~ 2007 年征地项目拖欠留用地工作；2009 年 6 月 19 日，广东省人民政府颁布《广东省征收农村集体土地留用地管理办法（试行）》；2009 年 10 月，广州市制定《关于统筹解决我市各区农村留用地遗留问题的意见》；2012 年，广州市政府出台《关于贯彻实施〈广东省征收农村集体土地留用地管理办法（试行）〉的通知》。

以广州农村地区为例，区域内村集体的产业用地面积共有8255宗，面积73946578m^2，人均产业用地面积43.4m^2，其中产业用房面积为38614988m^2，村集体经济中，村民人均拥有产业用房22.6m^2。但是随着城镇化推进程度不同，农村地区内部，各行政村、自然村在产业用地、产业用房和开发强度上也有较大差异，城镇化程度较高的城中村和城边村人均产业用地面积分别为60m^2和64m^2，产业用房面积分别为52m^2和38m^2，整体容积率达到0.87和0.59；而在远郊村人均产业用地面积为33m^2/人，而产业用房面积仅为8m^2/人，整体容积仅为0.24。相较广州每年新增建设用地指标15km^2/年，现状农村地区产业用地强度提升具有较大空间，调整土地结构应在加强新增建设用地管控的同时，以提高现有建设用地的利用强度为主（表6-2）。

广州农村地区宅基地状况　　表6-2

	城中村	城边村	远郊村
村集体产业用地数量（宗）	16	16	3
村集体产业用地面积（m^2/村）	120693	119378	33872
村集体产业用房建筑面积（m^2/村）	99010	83036	10008
户籍人均产业用地面积（m^2/人）	60	64	33
户籍人均产业用房面积（m^2/人）	52	38	8
常住人口人均产业用地面积（m^2/人）	16	29	30
常住人口人均产业用房面积（m^2/人）	14	18	7

数据来源：广州市规划局农村地区数据信息库

按照城镇化过程中人口结构和土地利用两大要素，可以将广州农村地区各村庄进一步细分为城中村、城边村和一般远郊区。整体而言，城镇化水平越高，土地开发权对于村集体和村民的重要性增强，宅基地分配方式中也更多采用市场机制。

6.3 城中村

根据《广州市村庄规划编制技术指引（试行）》，村庄规划中的村庄类别，主要包括四种：城中村、城边村、远郊村和搬迁村（吕传廷，2016），其中城中村主要是指被城镇完全包围，生产和生活方式基本城镇化的地区。据此广州农村地区共有城中村约 97 个，本节从中随机抽取 8 个村，然后采用问卷调查方式分析城中村的宅基地分配方式、房屋建设情况，以及村民对于其房屋产权，尤其是规章制度之外的房屋产权的认知，由此来总结分析城中村在城镇化影响下的演化特征。

选择案例村庄的基本情况如表 6-3 所示，整体而言，这些城中村存在以下特征：宅基地获取方式中采用市场机制比较高的拍卖和缴费比例增加。城中村受城市发展影响最为明显，土地价值日益凸显，因此已出现通过拍卖和缴纳一定费用方式取得宅基地，约占到宅基地总量的五分之一。虽然，户宅基地面积超过广东省及广州市地方标准的比例约占一半，但严重超标比例并不高。

城中村调查样本基本情况　　表 6-3

镇村	户籍人口 _ 2012	外来人口比例	建设用地面积（hm^2）	建设用地比例	宅基地面积（m^2）	村集体收入合计（万元）
北流村	1，166	55.10%	88.26	72.90%	55，650	—
江村村	9，559	24.50%	431.15	66.10%	440，419	1，790
江南村	1，555	82.70%	159.2	63.40%	122，384	1，061
合成村	4，970	73.40%	480.28	63.20%	306，765	2，262
屏山二村	2，888	68.50%	225.23	61.70%	183，300	2，922
赤山东村	1，554	58.30%	184.72	60.20%	48，346	787
田美村	7，312	39.70%	480.07	80.30%	439，296	1，281
白江村	3，396	69.60%	268.34	71.40%	178，744	445

6.3.1 城中村宅基地状况

第一，从被调查的宅基地面积来看，城中村超出地方规定的村民户占49.0%，但严重超标（超过 120m^2）的比例并不高，只有 12.6%。其中占地面积 40m^2 以下的村民共有 11 户，占被调查总数的 5.3%；40 ~ 60m^2 的村民共有 34 户，占被调查总数的 16.5%；60 ~ 80m^2 的村民共有 60 户，占被调查总数的 29.1%，合计 80m^2 以下的村民占 49.0%；80 ~ 100m^2 的村民共有 51 户，占被调查总数的 24.8%；100 ~ 120m^2 的村民共有 24 户，占被调查总数的 11.7%；120 ~ 140m^2 的村民共有 5 户，占被调查总数的 2.42%；宅基地面积超过 140m^2 的村民共有 21 户，占被调查总数的 10.2%（图 6-3）。

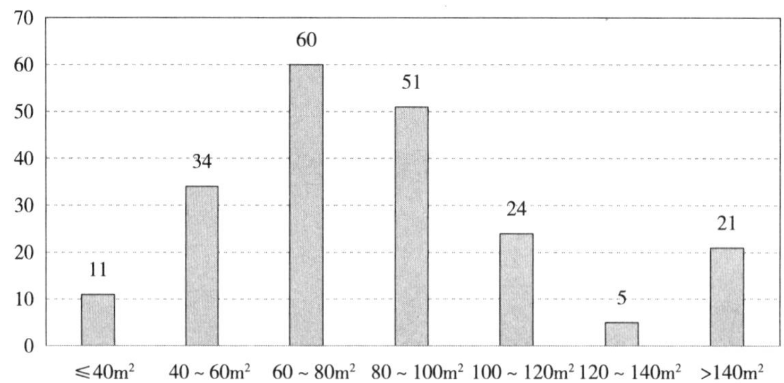

图 6-3 城中村调查村民宅基地面积比较

第二，从宅基地取得时间来分析，20 世纪 90 年代之前宅基地增长数量较快，在 90 年代达到高峰，此后新增宅基地数量开始有所减少。城中村村民调研问卷中填答取得时间信息的共有 164 宗宅基地，其中 1960 年之前取得的宅基地为 25 宗，占到调查总数的 15.8%，1960 年代取得的宅基为 4 宗，占到调查总数的 2.5%，1970 年代取得的宅基地 8 宗，占调查总数的 5.0%，1980 年代取得宅基地 41 宗，占调查总数的 25.9%，1990 年代取得宅基地 41 宗，占总数的 25.9%，2000 年至 2010 年前取得宅基地数量为 36 宗，占调查总数的 22.9%，2010 年之后取得宅基地 3 宗，占调查总数的 1.9%（图 6-4）。

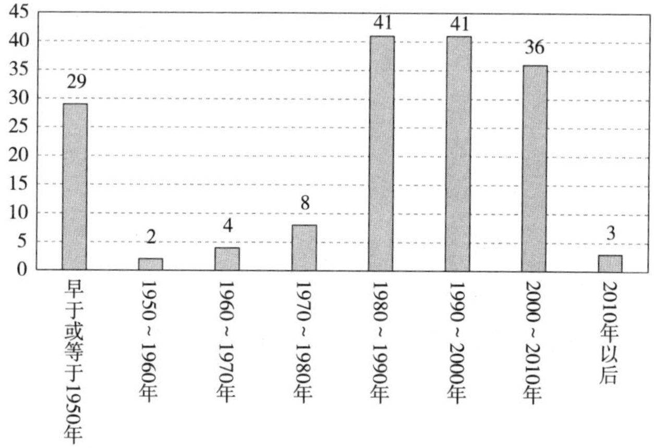

图 6-4　城中村调查村民宅基地取得时间

第三，从宅基地取得方式来看，城中村内绝大多数还是通过无偿划拨取得，共有 158 宗（占问卷总量 80.6%）的宅基地为无偿划拨取得，27 宗（占总量的 13.8%）宅基地为缴纳一定费用取得，11 宗（占总量的 5.6%）宅基地为村社内拍卖取得。

6.3.2　城中村房屋建设

整体而言，广州农村地区城中村村民的建房面积已明显超出自用范围，房屋的市场属性凸显。住房建设资金来源则主要仍以家庭自筹和亲友借贷为主。

第一，从被调查的城中村村民房屋建设层数类型来看，被调查村民共有 217 户填答该项，其中单层平房、二层和三层，分别占被调查总数的 11.5% 、21.7% 和 35.0%，同时也有相当比例的村民建 4 层以上住房，占到村民受访总量的 31.8%（图 6-5）。

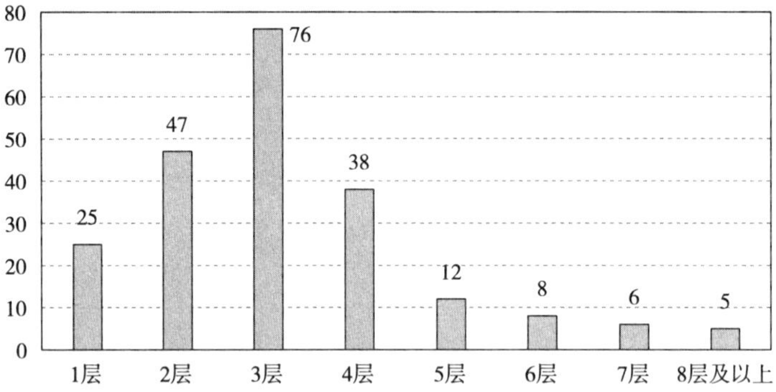

图 6-5　城中村调查村民居住层数比较

第二，从被调查的城中村村民房屋建设面积类型来看，被调查村民共有 202 户填答该项，其中主要房屋面积 $100m^2$ 以下的占 24.3%，房屋面积在 100 ~ $200m^2$ 的受访村民占 27.7%，房屋面积在 200 ~ $300m^2$ 的受访村民占 19.3%。房屋面积超出 $300m^2$ 的家庭比例比城边村和远郊村要高，约占总数的 28.7%（图 6-6）。

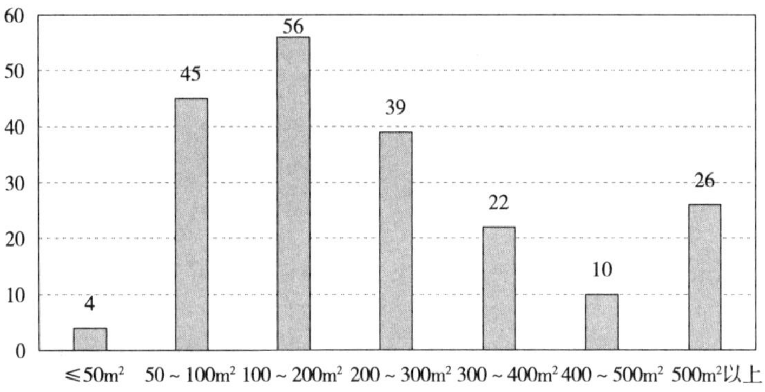

图 6-6　城中村村民房屋建筑面积比较

第三，从被调查的城中村村民建房资金来源来看，被调查村民共有 211 户填答该项，其中主要资金来源为自筹和部分向亲友筹借，分别占到受访者总数的 42.7% 和 55.0%，向亲友借款比例要高于城边村和远郊村。另外，只有 2 户受访者向银行借贷；开发商垫资的村民也很低，仅有 2 户（图 6-7）。

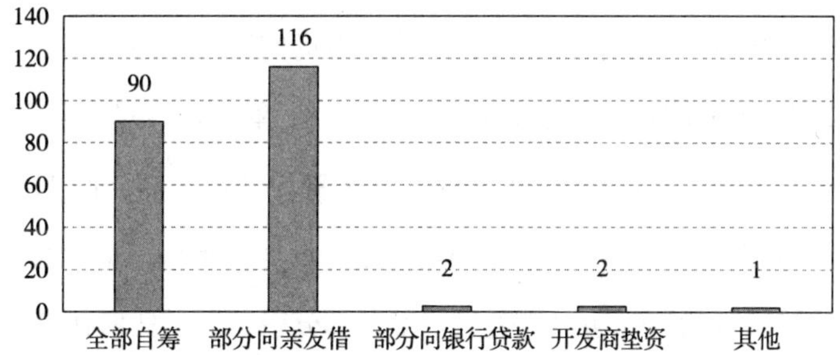

图 6-7　城中村调查村民建房资金来源

第四，从城中村受访者的房屋设施来看，管道自来水、独立厨房、独立厕所、洗澡设施比较完善，超过 80% 受访村民家庭均有配备，而在液化气燃料方面普及程度较低，但是网络设施方面配置明显高于城边村和远郊村（图 6-8）。

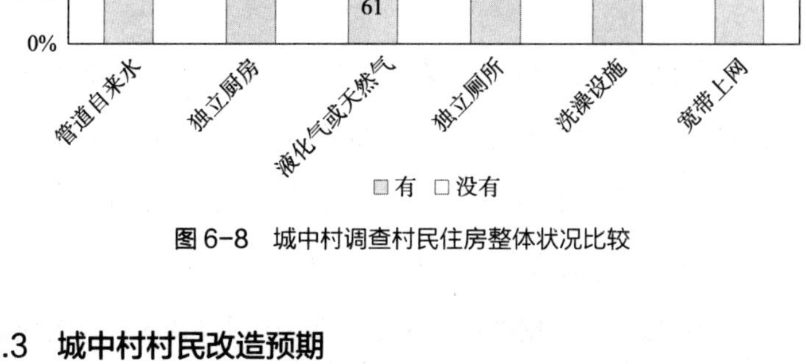

图 6-8　城中村调查村民住房整体状况比较

6.3.3　城中村村民改造预期

村民改造预期较高，对补偿方式和补偿标准的诉求存在明显差异。虽然宅基地和建设超标行为极为普遍，但是对于违章或超标宅基地仍有相当比例村民持反对意见，甚至高于城边村和远郊村。对于改造主体，村民并不认可开发商，同时对村社两级作为改造主体也心存疑虑，而更倾向于由政府作为实施主体，这充分反映了当前“三旧”改造过程中确立市场信用体系的重要性。

第一，对于改造时宅基地超出标准的部分，有 28.8% 的受访村民认为应予以承认，6.8% 受访村民认为只要补交一定费用即可承认，而 31.7% 的受访村民认为如果家中有分户需要补交一定费用之后即可承认，最后大约占 32.6% 比例的受访村民认为违章超出宅基地标准的部分不应给予任何补偿（图 6-9）。

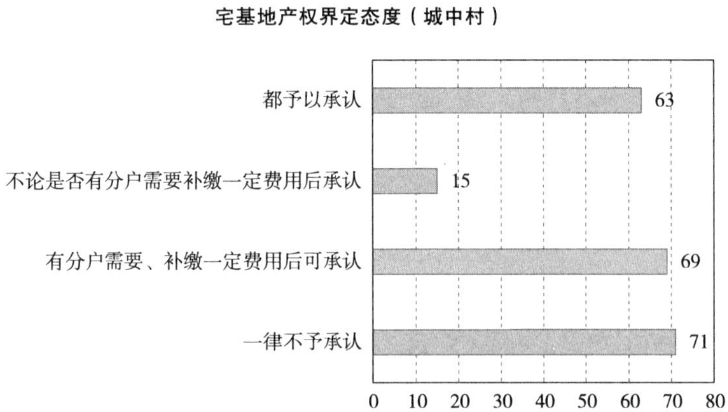

图 6-9　城中村调查村民宅基地产权界定态度比较

第二，对于补偿方式，城中村受访村民，主要希望采取重新分配宅基地建房（占受访村民的比例为 39.0%）和采取住房、货币补偿（占受访者比例为 41.7%），单独接受货币补偿或房屋补偿的比例都很低，分别占受访者比例的 7.8% 和 8.3%，但是这一比例还是略高于远郊村（图 6-10）。

第三，对于补偿标准依据确定，26.5% 的城中村受访村民认为应该根据宅基地面积确定补偿面积，50.7% 的城中村受访村民认为应该根据房屋建筑面积

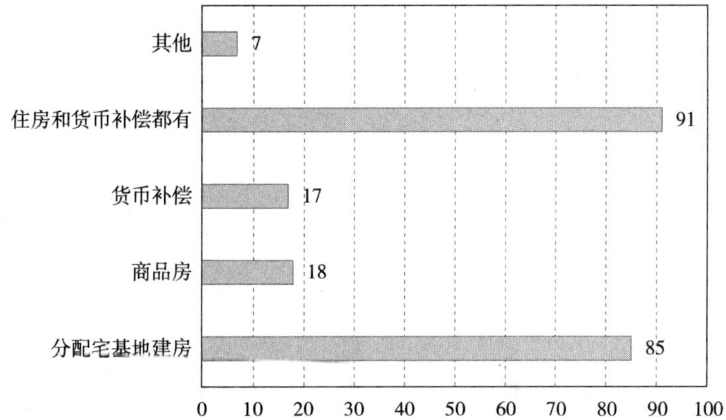

图 6-10　城中村受访村民期望的补偿方式

确定补偿面积，18.6% 的受访村民认为应该根据家庭人口数量进行补偿，整体而言城中村村民更倾向于以房屋建筑面积作为标准进行补偿，而非宅基地和户籍人口数量，这也反映了福利性质的宅基地产权上的明显差异（图 6-11）。

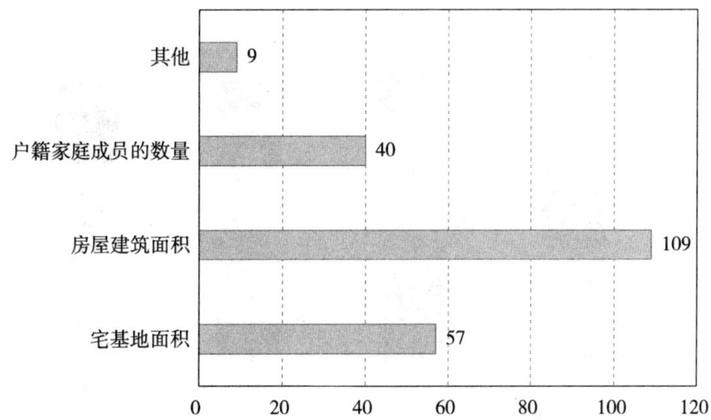

图 6-11　城中村调查村民补偿标准的态度比较

第四，就房屋补偿的具体比例而言，城中村受访村民中按照房屋建筑面积 1∶1 进行置换的比例和按照宅基地面积进行 1∶3 以上置换的比例均明显高于远郊村，分别达到 48.8% 和 33.8%，而远郊村村民更倾向于按照宅基地面积补偿，且补偿预期也要低于城中村（图 6-12）。

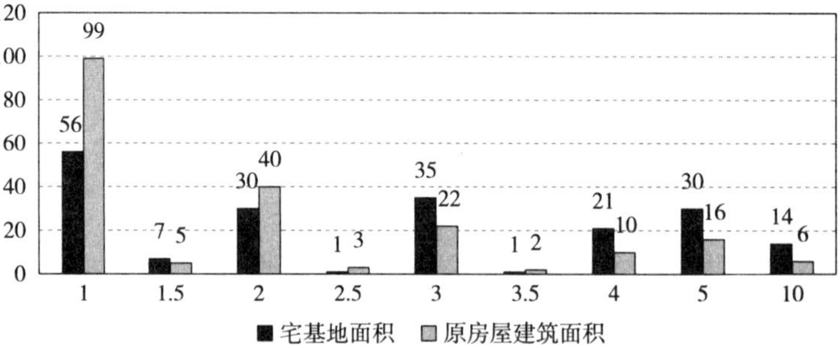

图 6-12 城中村受调查村民补偿比预期比较

第五，对于未来更新改造的实施主体，城中村受访村民对于政府的信任度较高，甚至超过村集体和社，而对于开发商则普遍持不信任态度，这与城边村和远郊村受访村民的调查结果类似（图 6-13）。

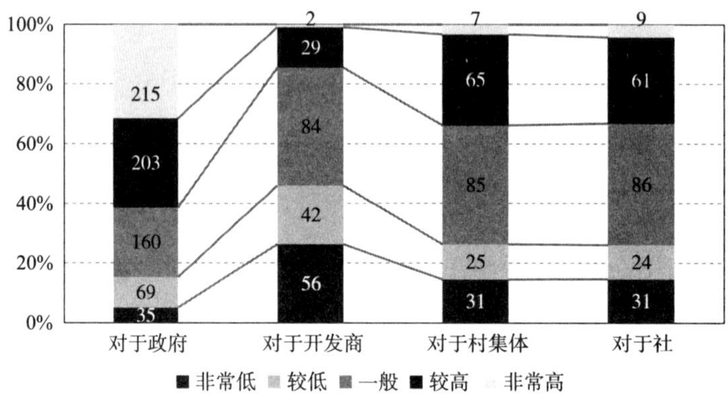

图 6-13 城中村调查村民改造实施主体意愿比较

第六，对于更新改造后的集体物业分配，受访村民普遍认同按照人口在全村进行均分，占到受访者总数的 39.4%，支持以社为单位按照人口均分的比例占 30.6%，按照拆迁面积对集体物业进行分配的受访村民数量也占一定比例，按照拆迁面积在全村均分的占 18.1%，在全社均分的占到 12.0%，城中村受访村民更倾向于以社级集体经济组织为单位进行分配（图 6-14）。

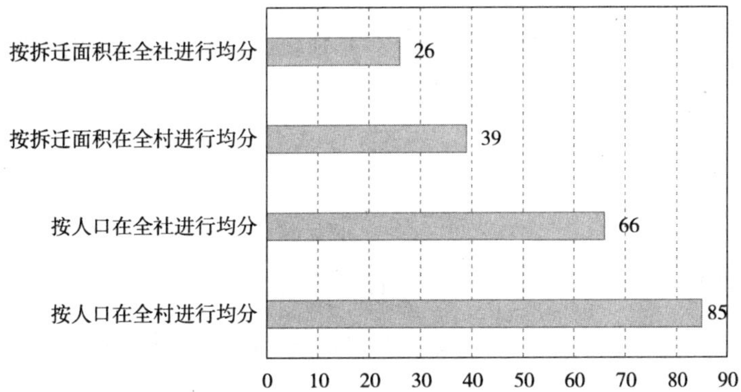

图 6-14　城中村调查村民物业分配方式比较

6.3.4　城中村案例分析

T 村为典型的城中村，村庄内已无耕地，原有农村居民点也已完全被城市建成区包围。该村共有 28 个小组、7 个经济合作社，一般行政村均将各小组分为不同的社，T 村则将多个小组合并为社从而增强了集体经济组织的凝聚力。

T 村村社之间经济完全分离，主要经济来源均为出租物业，分别负担全村基本福利和全社分红，其中属于村集体支出内容包括负担养老保障、治安、计划生育、医疗补助，详细支出内容为 60 岁以上老人提供每人每月 200 元养老金，该村老龄化率 15%，需向 1500 位老人每年共提供养老金 600 万元；治安队、计划生育工作组 60 ~ 70 人，每人月工资 2000 元，合计约 150 万元；合计每年村集体支出约 1000 多万元。而社与社之间分红差异较大，最多的社每年每股分红 15000 元，最少的社每股分红则为 3000 元 / 年。

房屋建设以统规自建居多，村集体组织曾自行编制规划，将宅基地按照

12m×15m的地块分配给村民。此外，在宅基地前留3m距离，相邻间隔6m的道路。T村村民一般都会在宅基地上加建5层以上独栋住宅用于出租，但是出租率近年来呈下降趋势。相比2008年，2016年的住宅出租率普遍下降30%，整体呈现供过于求的状态。此外，出租率随房屋质量不同呈现明显差异，新建房屋设施完备、出租率较高，而20世纪90年代修建房屋，质量略差，出租率较低。

6.4 城边村

城边村主要是指位于城镇现状建成区以外、规划发展区内，生产和生活方式半城镇化的地区的村庄。按照此前类型划分，广州农村地区共有城边村275个，本节从中随机选取8个村庄进行调研，基本情况如表6-4所示：

问卷调查城边村样本基本情况　　表6-4

镇村	户籍人口数量*	外来人口比例	建设用地面积（hm^2）	建设用地比例（%）	宅基地面积（m^2）	村集体收入合计（元）
炭步镇民主村	3，173	62.1%	451.41	43.3%	184359	10860200
太和镇北村村	2，102	25.7%	104.85	50.7%	152810	9239585
新塘镇长巷村	2，403	48.6%	207.88	37.8%	68788	12722543
永宁街白水村	2，063	52.0%	222.39	56.5%	84818	1230755
南村镇罗边村	2，046	55.4%	107.55	66.9%	99366	20134952
石楼镇赤山东村	1，554	58.3%	184.72	60.2%	48346	7869329
桥南街草河村	3，394	37.4%	127.84	26.9%	18914	17919953
沙湾镇古东村	2，349	48.6%	174.75	43.7%	126503	10660621

备注：* 户籍人口数量为2012年数据

6.4.1 城边村宅基地状况

整体而言，城边村宅基地的取得方式仍以无偿划拨为主，村民已充分认识到宅基地的市场价值。宅基地面积超过标准的比例比较高，出租屋数量开始呈现增长趋势，房屋建筑面积也明显增多，超过自住需求。

第一，从被调查的宅基地面积来看，城边村超出地方规定的村民户占47.6%，严重超标的比例（超过120m²）为11.9%，其中占地面积40m²以下的村民共有24户，占被调查总数的9.5%；40～60m²的村民共有41户，占被调查总数的16.3%；60～80m²的村民共有67户，占被调查总数的26.6%，合计80m²以下的村民占53.4%；80～100m²的村民共有54户，占被调查总数的21.4%；100～120m²的村民共有36户，占被调查总数的14.3%；120～140m²的村民共有3户，占被调查总数的1.2%；宅基地面积超过140m²的村民共有27户，占被调查总数的10.7%（图6-15）。

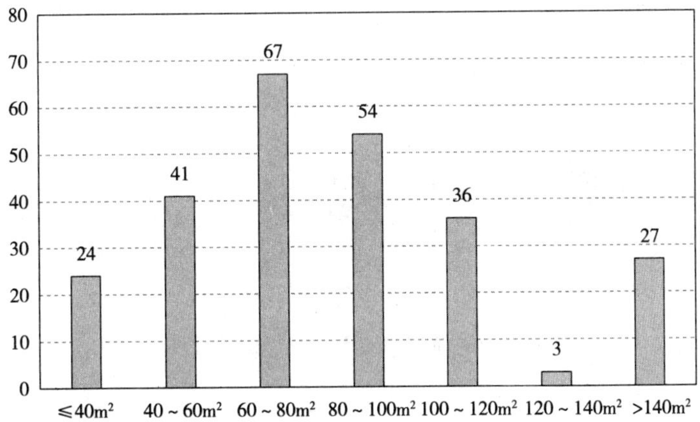

图6-15　城边村调查村民宅基地面积比较

第二，从宅基地取得方式来看，城边村内绝大多数还是通过无偿划拨取得，共有190宗（占问卷总量81.5%）的宅基地为无偿划拨取得，28宗（占总量的12.0%）宅基地为缴纳一定费用取得，15宗（占总量的6.4%）宅基地为村社内拍卖取得，与城中村比较类似，但是较一般远郊区而言，通过缴纳一定费用和拍卖获得土地比例明显偏高。

6.4.2 城边村房屋建设

村民房屋建设用于出租的数量增多，但是也有相当比例村民建房只是将其作为投资的不动资产，而非自住或出租。

第一，从被调查的城边村村民房屋建设层数类型来看，被调查村民共有 217 户填答该项，其中单层平房、二层和三层，分别占被调查总数的 18.5%、26.9% 和 40.8%，建 4 层以上住房比例的占到村民受访总量的 13.5%，明显低于城中村（31.8%），但是高于远郊村（4.3%）（图 6-16）。

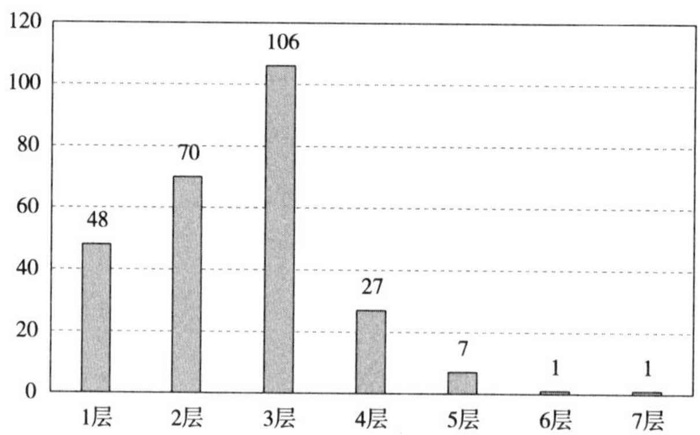

图 6-16　城边村调查村民住房建设层数

第二，相当比例的村民建房超出标准。从被调查的城边村村民房屋建设面积类型来看，被调查村民共有 244 户填答该项，其中主要房屋面积 $100m^2$ 以下的占 35.7%，房屋面积在 100 ~ $200m^2$ 的受访村民占 33.2%，房屋面积在 200 ~ $300m^2$ 的受访村民占 16.0%。房屋面积超出 $300m^2$ 的家庭比例 15.2%，低于城中村（28.7%），但是高于远郊村（5.1%）（图 6-17）。

第三，建房资金来源以自筹和亲友借贷为主。从被调查的城边村村民建房

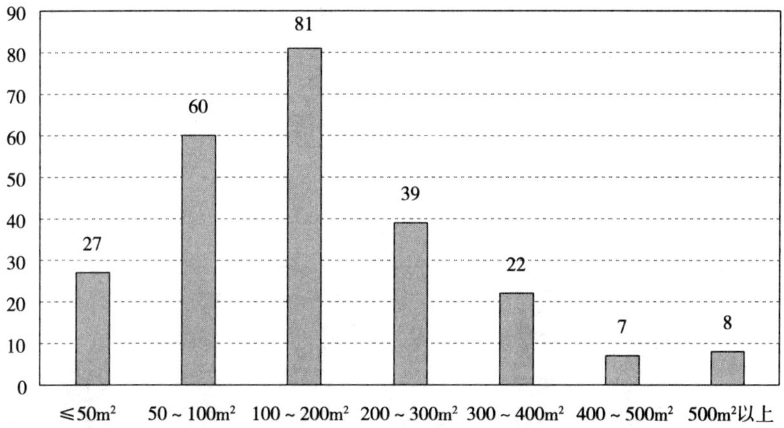

图 6-17　城边村调查村民住宅建设面积比较

资金来源来看，被调查村民共有 250 户填答该项，其中主要资金来源为自筹和向亲友部分筹借，分别占到受访者总数的 48.8% 和 46.8%，向亲友借款比例要低于城边村和远郊村。另外，有 4 户受访者向银行借贷，6 户村民建房由开发商垫资（图 6-18）。

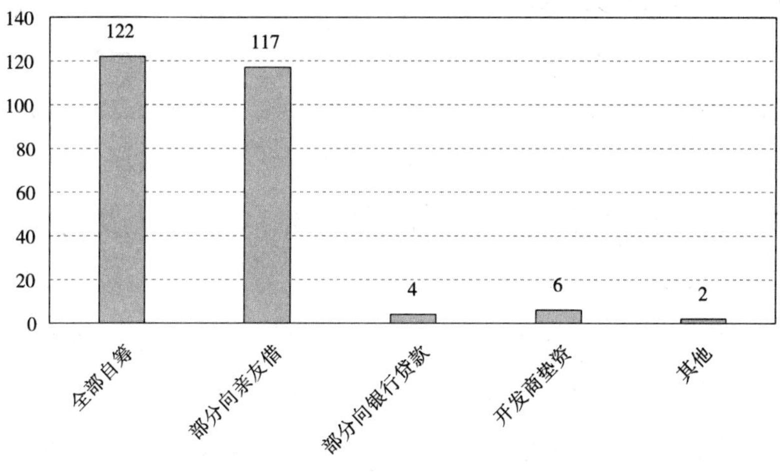

图 6-18　城边村调查村民建房资金来源

第四，城边村住宅设施条件基本完备。从城边村受访者的房屋设施来看，管道自来水、独立厨房、独立厕所、洗澡设施比较完善，均超过 80% 受访村民家庭配备，而在液化气燃料方面普及程度较低，但是网络设施方面配置明显差于城中村，但是优于远郊村（图 6-19）。

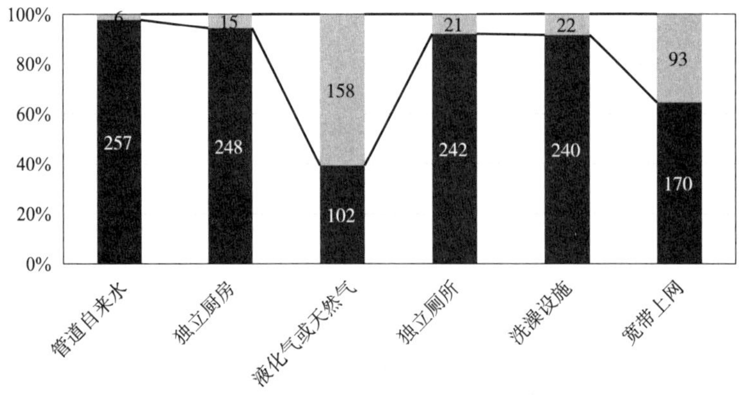

图 6-19　城中村调查村民住房设置状况

6.4.3　城边村村民改造预期

城边村村民对超标占用宅基地面积持更加宽容态度。而对于补偿的标准也有接近半数受访者倾向于以房屋面积作为补偿依据，而对于违章建设部分的产权，大部分村民认为应当予以承认，或者有条件予以承认。

第一，改造时对于宅基地超出标准的部分，有 38.2% 的受访村民认为应予以承认，5.7% 受访村民认为只要补交一定费用即可承认，而 35.0% 的受访村民认为如果家中有分户需要补交一定费用之后即可承认，最后大约占 21.1% 比例的受访村民认为违章超出宅基地标准的部分不应给予任何补偿，比较城中村和远郊村，城边村受访村民对于违章占用宅基地所持态度更加宽容（图 6-20）。

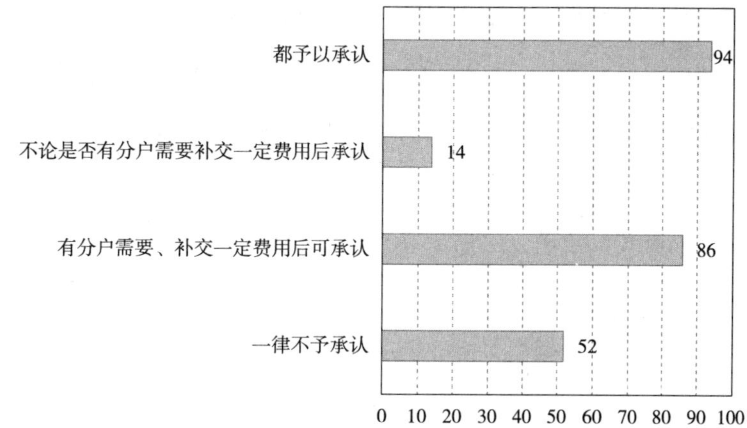

图 6-20　城边村调查村民宅基地产权界定态度比较

第二，对于补偿方式，城中村受访村民，主要希望采取重新分配宅基地建房（占受访村民的比例为 41.3%）和采取住房、货币补偿（占受访者比例为 37.0%），单独接受货币补偿或房屋补偿的比例都很低，分别占受访者比例的 5.9% 和 10.6%，相较城中村，城边村村民更倾向于重新取得宅基地作为搬迁补偿（图 6-21）。

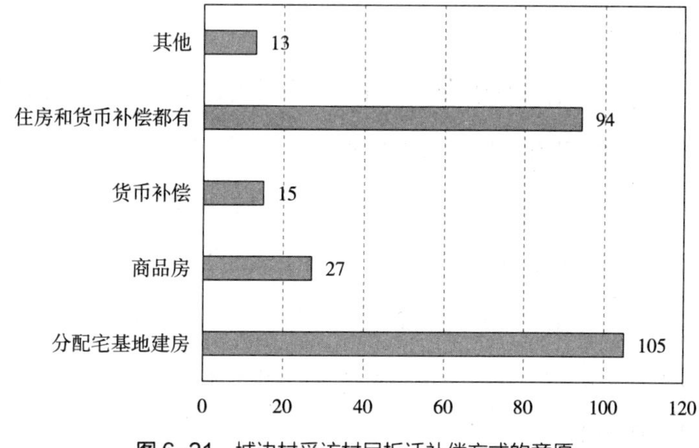

图 6-21　城边村受访村民拆迁补偿方式的意愿

第三，对于补偿标准依据确定，19.8% 的城边村受访村民认为应该根据宅基地面积确定补偿面积，41.9% 的城中村受访村民认为应该根据房屋建筑面积确定补偿面积，33.7% 的受访村民认为应该根据家庭人口数量进行补偿，整体而言城边村村民更倾向于以房屋建筑面积为标准进行补偿，但是按照福利原则根据户籍人口数量分配宅基地的村民比例也明显高于城中村和远郊村（图 6-22）。

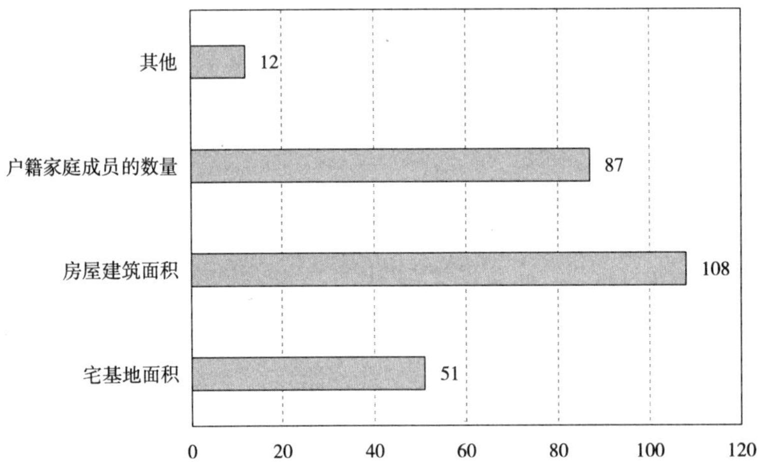

图 6-22　城边村调查村民补偿标准确定方式的态度比较

第四，就房屋补偿的具体比例而言，城边村受访村民中按照宅基地面积进行 1∶2 置换的比例均明显高于城中村和远郊村，分别达到 32.9%，此外，按照房屋进行 1∶1 置换的比例也较高，达到 44.3%，虽然低于城中村（48.8%），但是明显高于远郊村村民（38.7%）（图 6-23）。

第五，对于未来更新改造的实施主体，城边村的受访村民与城中村、远郊村一致，普遍对政府的信任度较高，村集体和社次之，而对于开发商则普遍持不信任态度（图 6-24）。

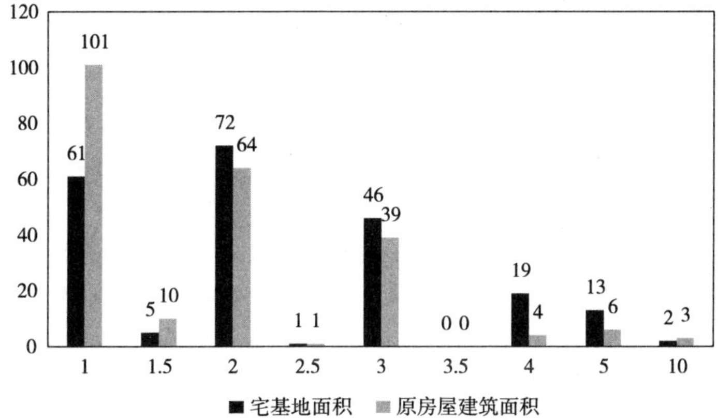

图 6-23　城边村调查村民期望的补偿标准比较

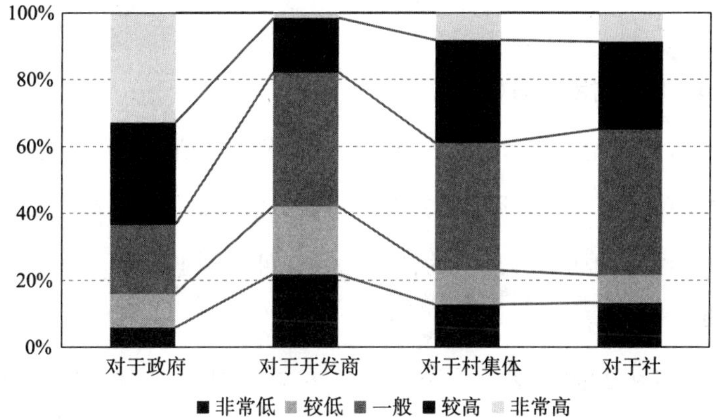

图 6-24　城边村调查村民改造实施主体意愿比较

第六，对于更新改造后的集体物业分配，受访村民普遍认同按照人口在全村进行均分，占到受访者总数的 53.4%，支持以社为单位按照人口均分的比例占 16.6%，按照拆迁面积对集体物业进行分配的受访村民数量也占一定比例，按照拆迁面积在全村均分的占 18.2%，在全社均分的占到 11.7%，城边村受访村民更倾向于以行政村为单位进行平均分配，而非社级集体经济组织（图 6-25）。

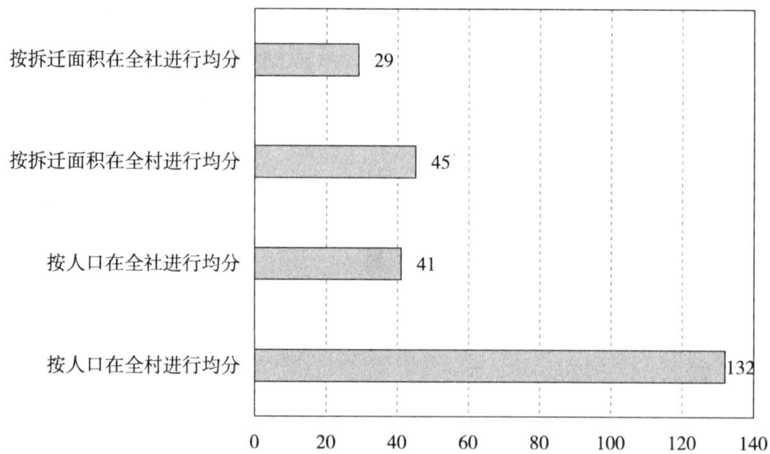

图 6-25 城边村调查村民物业分配方式比较

6.4.4 城边村案例分析

J 村是较为典型的城边村，村域内尚有部分社种植、经营菜地，但外来人员数量也快速增多，已达到本地户籍人口的 2 倍以上。该行政村下设有 25 个社，各社分红差异明显，最多的社村民分红可达到 14000 元 / 年，最少则为 500 元 / 年。

户籍人口在 2000 年大约为 8000 人，在 2014 年增至 10000 人。村民开始大量出租房屋，但是租金和出租率都很低。房屋租金约为 12 元 /（月 · m^2），一室一厅的月租金约为 200 ~ 300 元。与之相比，建设成本为 1200 元 /m^2，住房建设的租金回报率并不高。但是，村民仍愿意大量建房，其建房的动机，一方面是考虑出租，更重要的是基于资产保值的考虑，而且也担忧政府未来对于房屋建设的管控增强，所以提前进行建设，造成既成事实。实际的租房需求并不高，村庄中住房大量空置。

村庄家庭贫富收入悬殊、代际传递现象明显。原有“一户一宅”的宅基地划拨制度已难以持续，一方面由于地方政府政策限制而不再重新分配宅基地，另外村庄也缺乏可分配的宅基地，而自动取消。现有的宅基地面积差异主要源于历史原因和村民收入差距：一方面祖上留下宅基地面积宽裕家庭可以有更多租房收益，另外一方面如家庭富裕也可以竞标方式在小范围内购买宅基地。

村庄中规划管理执法困难，而村庄民主治理机制尚不完善，在一定程度上削弱了村集体住宅对于村民违章建设的管制力度。因为，按照《村民组织法》，村委主任、副主任和委员等主要工作人员都是由村民直接选举产生，因此在管理村民违章建设时，往往颇有顾虑，有丧失选票的担忧。

6.5 远郊村

远郊村是指位于城镇外围，规划发展区以外，生产和生活方式尚未城镇化的地区。按照此前类型划分，广州农村地区共有远郊村 660 个，数量在各种类型中最多，本节共涉及调研村庄 17 个，基本情况如表 6-5 所示。

问卷调查远郊村样本基本情况　　表 6-5

镇村	户籍人口_2012	外来人口比例	建设用地面积（hm^2）	建设用地比例（%）	宅基地面积（m^2）	村集体收入合计（元）
城郊街城康村	2287	0.3%	79.58	2.7	88162	157348
鳌头镇水西村	2581	0.1%	59.97	17.6	94088	277408
温泉镇南平村	1067	0.0%	15.81	3.2	33730	0
花东镇狮前村	1625	0.1%	29.71	1.4	18589	1104400
梯面镇红山村	1092	1.0%	40.67	2.8	31012	1073800
花山镇永乐村	2828	12.0%	65.83	29.0	161633	837900
狮岭镇义山村	3394	7.8%	73.89	11.6	214726	1748600
炭步镇朗头村	2393	1.1%	129.48	21.0	106889	405000

续表

镇村	户籍人口_2012	外来人口比例	建设用地面积（hm^2）	建设用地比例（%）	宅基地面积（m^2）	村集体收入合计（元）
中新镇双塘村	2511	0.9%	225.01	13.7	84299	333689
中新镇五联村	4034	2.1%	136.99	10.8	165904	1067702
荔城街莲塘村	853	0.6%	28.42	11.6	33809	71488
石滩镇石厦村	8492	0.7%	106.60	12.9	262352	238827
石滩镇沙头村	3349	10.9%	118.44	21.7	167650	935003
石楼镇清流村	5300	68.9%	146.31	12.1	118722	10458082
榄核镇湴湄村	2546	0.1%	45.26	13.4	67232	2105260
大岗镇新联一村	3134	0.3%	239.71	32.4	101855	2045429
万顷沙镇同兴村	2358	16.4%	112.23	25.1	60265	1465413

6.5.1 远郊村宅基地状况

远郊村受访村民的宅基地面积普遍超标，但是面积超过 120m^2 以上的村民家庭比例较低，房屋主要用于家庭自住。宅基地取得方式还是以无偿划拨为主，受市场机制影响较小。

第一，从被调查的宅基地面积来看，超出地方规定的村民户占 52%，但严重超标的比例（超过 120m^2）并不高，只有 11.0%，其中占地面积 40m^2 以下的村民共有 25 户，占被调查总数的 4.1%；40 ~ 60m^2 的村民共有 91 户，占被调查总数的 15.2%；60 ~ 80m^2 的村民共有 171 户，占被调查总数的 28.6%，合计 80m^2 以下的村民占 48.0%；80 ~ 100m^2 的村民共有 182 户，占被调查总数的 30.4%；100 ~ 120m^2 的村民共有 63 户，占被调查总数的 10.5%；120 ~ 140m^2 的村民共有 13 户，占被调查总数的 2.17%；宅基地面积超过 140m^2 的村民共有 53 户，占被调查总数的 8.86%（图 6-26）。

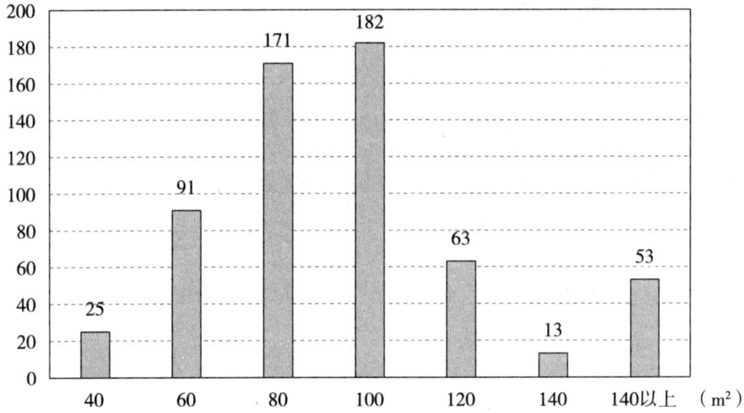

图 6-26　远郊区受访村民的宅基地面积

第二，从宅基地取得方式来看，绝大多数还是通过无偿划拨取得，共有 496 宗（占问卷总量 89.7%）的宅基地为无偿划拨取得，但是在用地并不紧张的区域宅基地的市场价值也开始显现，其中 41 宗（占总量的 7.6%）宅基地缴纳一定费用取得，15 宗（占总量的 2.7%）宅基地为村社内拍卖取得（图 6-27）。

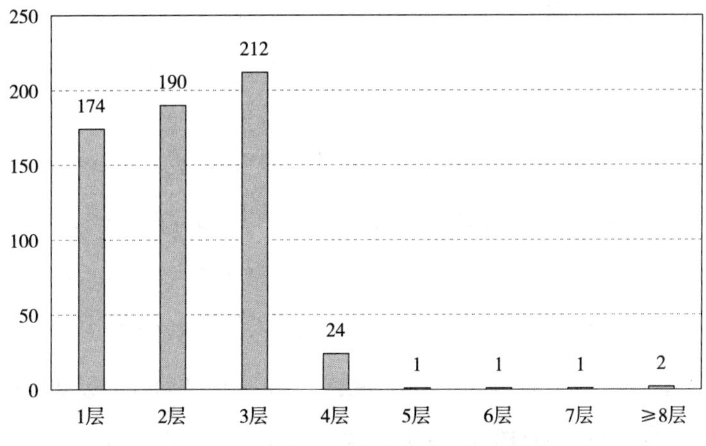

图 6-27　远郊区调查村民房屋建设层数

6.5.2 远郊村房屋建设

远郊村村民的房屋建设还是以自住用途为主，超标建房的村民家庭比例较低。而其建房的主要资金来源也为自筹和向亲友部分筹借。

第一，从被调查的远郊村村民房屋建设层数类型来看，被调查村民共有605户填答该项，其中主要以单层平房、二层和三层为主，分别占被调查总数的28.8%、31.4%和35.0%，建4层以上住房村民比例极少，只占到受访总量的4.8%（图6-28）。

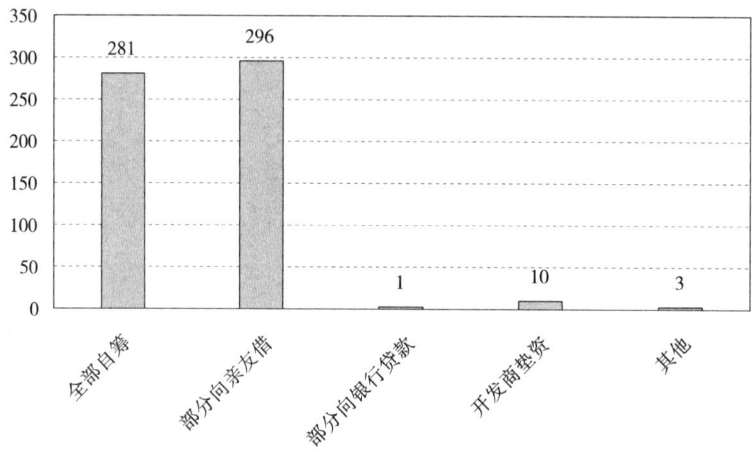

图6-28 远郊村调查村民建房资金来源

第二，从被调查的远郊村村民房屋建设面积类型来看，被调查村民共有566户填答该项，其中主要房屋面积$100m^2$以下的占42.2%，房屋面积在100～$200m^2$的受访村民占31.2%，房屋面积在200～$300m^2$的受访村民占21.4%。房屋面积超出$300m^2$的家庭比例极低，仅占总数的5.12%。

第三，建房资金来源以自筹和亲友借贷为主。从被调查的远郊村村民建房资金来源来看，被调查村民共有591户填答该项，其中主要资金来源为自筹和向亲友部分筹借，分别占到受访者总数的 47.5% 和 50.1%，只有 1 户受访者向银行借贷，开发商垫资的比例也很低，只占总数的 1.7%（图 4-30）。

第四，从一般远郊区受访者的房屋设施来看，一些房屋的基本设施如管道自来水、独立厨房、独立厕所、洗澡设施比较完善，超过 80% 受访村民家庭配备。但是与城中村和城边村相比，远郊村村民家庭在液化气燃料和网络设施方面普及程度较低（图 6-29）。

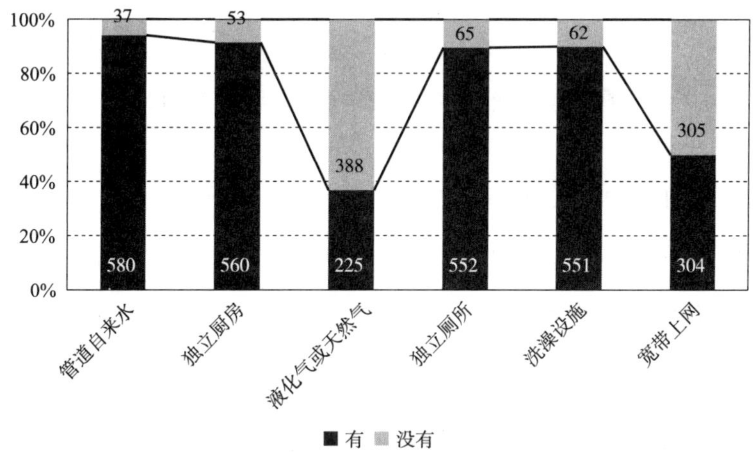

图 6-29　远郊村调查村民住房整体状况比较

6.5.3　远郊村村民改造预期

第一，改造补偿预期低于刚性和城边村，对于集体资产收益分配方式上，倾向于以行政村为单位统一分配。对于改造时宅基地超出标准的部分，有 26.2% 的受访村民认为应予以承认，5.3% 受访村民认为只要补交一定费用即可承认，而 39.7% 的受访村民认为如果家中有分户需要补交一定费用之后即可承认，最后大约占 28.8% 比例的受访村民认为违章超出宅基地标准的部分不应给予任何补偿（图 6-30）。

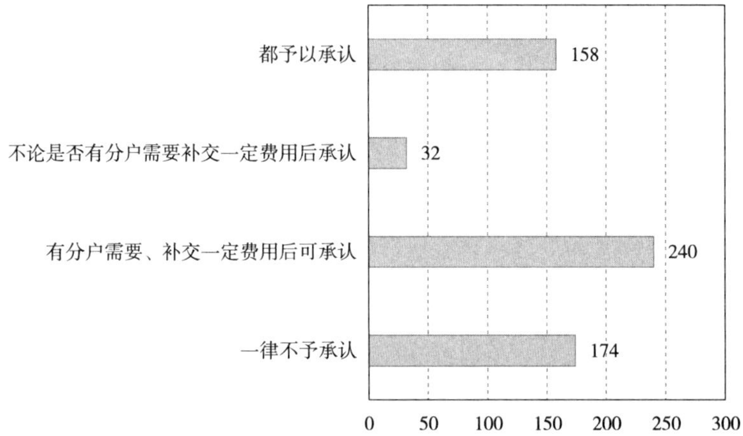

图 6-30　远郊村调查村民宅基地产权界定态度比较

第二，对于补偿方式，远郊区村民，主要希望采取重新分配宅基地建房（占受访村民的比例为 45.8%）和采取住房、货币补偿（占受访者比例为 39.6%），单独接受货币补偿或房屋补偿的比例都很低，分别至占受访者比例的 5.6% 和 5.8%（图 6-31）。

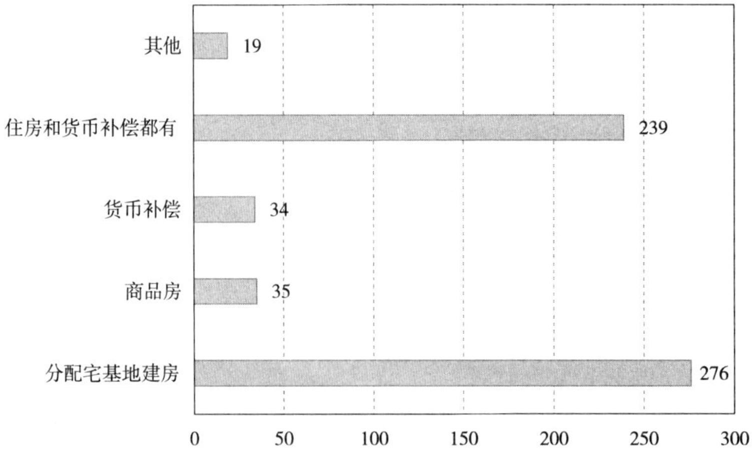

图 6-31　远郊村调查村民补偿方式态度比较

第三，对于补偿标准依据确定，35.8% 的远郊村受访村民认为应该根据宅基地面积确定补偿面积，34.7% 的远郊村受访村民认为应该根据房屋建筑面积确定补偿面积，26.2% 的受访村民认为应该根据家庭人口数量进行补偿（图 6-32）。

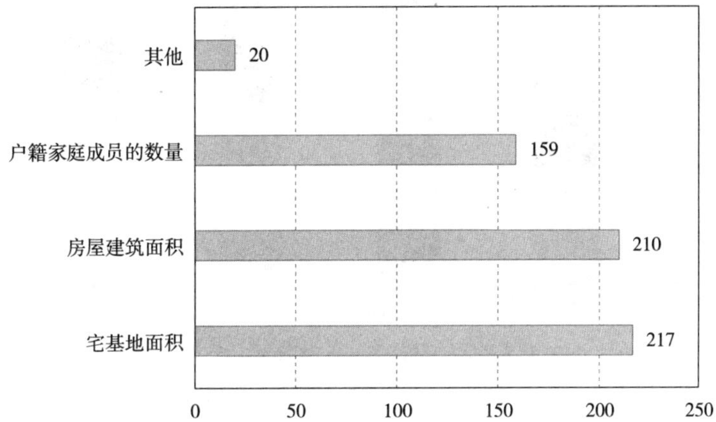

图 6-32　远郊村调查村民补偿标准的态度

第四，就房屋补偿的具体比例而言，远郊村受访村民中按照房屋建筑面积 1∶1 进行置换的比例和按照宅基地面积进行 1∶3 以上置换的比例均明显低于城中村，分别达到 38.7% 和 15.0%，补偿预期明显低于城中村（图 6-33）。

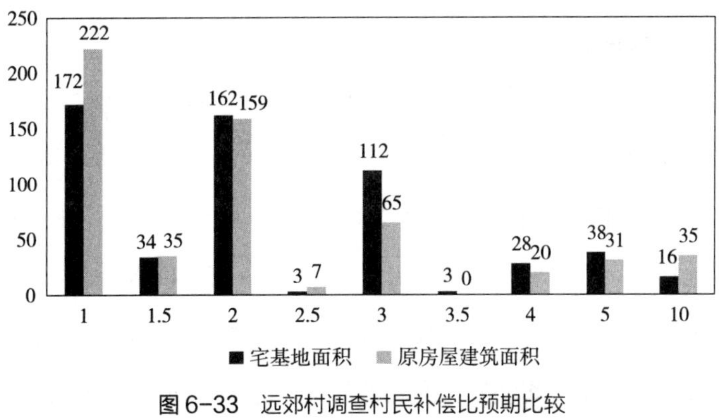

图 6-33　远郊村调查村民补偿比预期比较

第五，对于未来更新改造的实施主体，受访村民对于政府的信任度较高，甚至超过村集体和社，而对于开发商则普遍持不信任态度（图 6-34）。

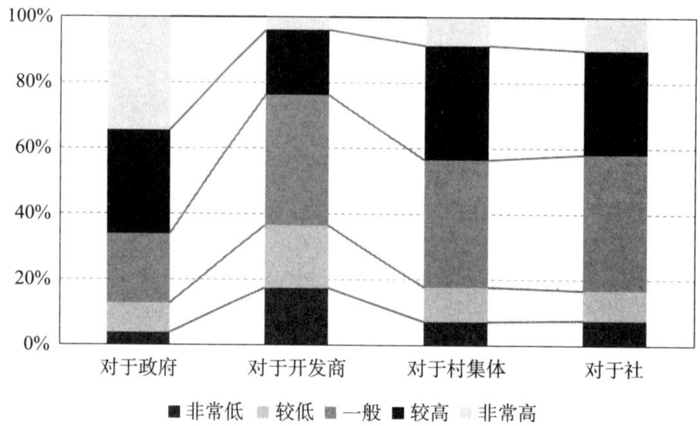

图 6-34　远郊村调查村民改造实施主体意愿

第六，对于更新改造后的集体物业分配，受访村民普遍认同按照人口在全村进行均分，占到受访者总数的 53.8%，支持以社为单位按照人口均分的比例占 22.5%，按照拆迁面积对集体物业进行分配的受访村民数量也占一定比例，按照拆迁面积在全村均分的占 11%，在全社均分的占到 12.6%。

6.5.4　远郊村案例分析

Y 村为典型的一般远郊区，该行政村包含 11 个社（自然村），共有户籍家庭 700 户，3500 人，村域 3.8km^2。村域内仍有 3000 多亩基本农田，其中 2900 亩为耕地。近年来，由于政府征地 210 亩，获得了 21 亩留用地指标。但是，由于该用地指标无法落地，所以将指标以 40 万元 / 亩的价格出售给其他行政村。

该村的集体经济较弱，且行政村内各社之间差距不明显。经济状况稍好一些的社年分红 800 元，而经济状况较差的社年分红为 200 ~ 300 元。村集体主要资金都来源于征地补偿款，在征地过程中，村集体会向各社收取 15% 补偿款用于村一级公共服务。

一些交通便利、开发较早的社（自然村）经济状况明显好于一些集体土地开发较少的自然村。由于日趋严格的基本农田保护政策，发展较晚的社一般都保留有大面积的基本农田，在缺乏合理的开发权收益分配和转移支付制度的情况下，农田保护制度很大程度上导致村庄内不同社之间开发机会的不平等，以及由此带来的经济收入差距，而且这一差距随着开发用地价值的提升有不断拉大的趋势。

由于位置较偏僻，房屋租金比较便宜，出租价格为住宅 5 元 /（m^2·月），厂房 4 元 /（m^2·月）。一间 $20m^2$ 的普通出租屋房租金约 100 元 / 月。村庄内宅基地数量有一定差距，大约有 20% 以上村民（约 160 户）都有两宗 70 ~ $80m^2$ 以上宅基地，且这些家庭大多属于村内的高收入阶层。值得关注的是该远郊村区位较偏，实际上并无太多外来人口租房需求，同时村民自住房屋也已满足，然而，村民仍然会加盖房屋，超出广州所规定的合法范围。这其实也反映了村民对于法律法规实施不确定性的认识，在以往城中村和城边村中，总是采用“先建房、后监管”的模式，违法建设越晚，实际的违法成本也就越高，违法建设越早，反而会造成违法建设的既成事实，违法成本较低。

6.6　小结

随着城镇化推进，大城市周边村民对于宅基地分配和集体产业用地收益分配方式的态度会发生明显变化，主动选择对其利益最大化的分配方式。例如，靠近城市中心的城中村，村民在原有宅基地上建房密度和高度都比较大，也更倾向于参照房屋建设面积给予补偿，这种方式也更接近市场交易中的私有产权，而对于远离市中心的一般远郊村村民，则主要按照宅基地为标准进行补偿。因此，未来需要逐步建立双向竞争的集体土地市场，通过有效合理的制度设计，使得交易双方能够比较平等地产生竞争，而非一方通过其垄断性行政、资本和智力资源攫取另一方的合法权益。

土地开发权交易涉及三方，提供城市公共服务的政府、提供土地使用权的村集体和村民，以及购买或者租赁土地使用权或者其上房屋的开发者或者土地使用者。村集体土地上非正式土地开发建立在城市政府承担成本、村集体村民享受开发权收益，而土地开发者获得正常收益（需要计算）的基础上，因而不能形成制度化的规则。同理，依靠剥夺村民开发权收益的拆迁方式显然也难以持续，对村民而言，再开发的前提条件是政府提供稳定的产权，从而可以使其获得超出原有非正规住房建设更多的收益，即包括租金损失、拆迁成本、补偿原有房屋建造成本和新建房屋成本。

开发权背后反映的是土地开发利益涉及的社会关系，而政府的法律、政策、规划则是保障、调节、影响和改变其收益分配社会关系的重要制度基础，村庄由于受城镇化的影响，村民对于土地开发的价值判断会有所改变，并进而改变原有的利益分配关系，形成新的分配模式，而这往往与已有的制度规则产生冲突，从而引发土地非正规开发行为。

第 7 章
非正规开发的治理

农村地区土地利用结构一方面受到市场力和传统习惯驱动，另一方面，现有土地利用规划、城乡规划的影响也在一定程度上影响村集体和村民对土地利用的选择。

第一，农村地区土地利用传统上形成村、社两级，对于村民宅基地、房屋建设和日常管理主要由村党委和村民委员会执行。一方面村两委管理者维护村民的利益（其实也是维护自身利益），对于村民宅基地上加建、改建行为持认同甚至纵容的态度。以广州为例，按照市政府规定，农村地区户籍家庭居民可拥有宅基地 $80m^2$，其上可以盖 3.5 层，面积 $280m^2$，如果没有大量的外来人口租房需求，这一规模完全可以满足家庭自住房需求，村民亦无强烈的超标建房动机。但是随着外来人口涌入，住房需求的增加，村民个体的加建行为逐步演变成为违章建设的群体行动，而村委会作为村民选举形成的农村基层群众性自治组织，如果严重背离村民的加建意愿严格按照现有相关政府规定执行严格执法，势必会得罪大部分村民家庭，有可能在下次村委会选举中落选。另一方面，村委会成员亦会配合国土、规划、城管部门对于严重违反相关法律、法规的行为（如占用基本农田、侵犯公共道路和广场）进行举报和制止。

第二，以国土部门的土地利用管理是此前村庄土地利用中最主要的管控手段，国土部门基层机构为镇乡国土所，以层级式管理为主。2000 年之后的土地管理的重要调整就是土地审批权限的上移，将区、县一级的新增建设用地审批权限统一上移至中央和省二两级。以管控为主的土地管理方式，对于基本农田保护具有重要的作用，但对于村集体土地开发和建设管制则略显不足。一般而言，集体土地上的开发建设行为往往存在规模小、建设周期短、建设方式灵活等特点，而我国目前一书两证式的开发管理，主要适用于城市建成区国有土地上的大规模开发建设，其监管体系难以覆盖广大集体土地上大量的小规模开发建设，而在巨大的开发收益影响下，村集体土地上出现的非正规开发建设行为也就大量出现了。

第三，城乡管理部门对于村庄的规划和管理长期以来缺乏实施的工具、机构和手段。虽然根据2008年《城乡规划法》规定，乡村建设也纳入城乡规划管理权限范围内，并通过与城市地区"一书两证"相类似的乡村规划建设许可证颁发来实施乡村规划。但是，对于村庄规划的实施一直以来缺乏有效的管制手段，和与之相适应的行政资源，规划管理的基层部门只在区级政府设立。随着城镇化推进，原本差异不大的村庄开发分化，土地开发的动机和收益也产生明显差异，传统村庄中的土地政策和村规民约难以对市场驱动下的建设行为进行有效管制，而基于城市的规划管理制度更符合大规模制造业、交通设施、居住和商业的整体性开发，对小规模、渐进式村庄建设则缺乏适用的规划技术、手段、流程和技术人员，这就造成实际上的管理真空区域。

土地管制政策逐渐加强，现有土地管制更多着重于新增建设用地，而对既往的违法建设用地行为实际上并未追述，因此也就造成距离城市中心区越近，发展越早的地区违规建设用地数量和面积越多，而越远的地区早期开发土地数量较少，后期发展受到管制，土地开发收益明显低于先发展地区。

7.1　非正规开发过程中的社会网络

正规土地开发过程需要遵循相应的法律、法规、规划等，所形成的产品可以在市场上进行公开交易。与之相对，非正规的土地开发过程中，土地用途、规划建设程序、房屋建设标准以及分配过程或多或少都会违背已有的法律、法规、规划，因此也就不受国家法律的保护。那么在此环境下，非正规开发如何进行？非正规开发者及其利益相关者之间的社会网络关系如何形成的？本节以一个典型案例分析非正规开发过程中的主要参与者，以及各方如何参与到开发权取得、融资和建设、产品销售等非正规开发各个阶段。

7.1.1 主要参与者

该非正规开发案例的地段位于我国某大城市的城乡结合部，该地区经济活跃，周边房价上升极快。在地段开发前，周围商品住宅的市场平均价格已达到15000元/m^2左右。由于区位地段优势及整体的经济发展，该地区的住宅需求极为旺盛，这就为非正规住房开发提供了重要的外部环境基础。在此之前，拥有该地块所有权的村集体经济组织曾经采用合作模式，或者自主开发模式，在其村域内建设了多幢小产权房，积累了一些房地产开发的经验。同时，地段周边也已形成一定规模的社区。

此地块为村集体自留的建设用地，按照规定用于村庄内公共设施。村委会计划在此地段建设一处老年活动中心，但缺乏足够的资金用于建设。由于地块规划用途为村集体公共设施，因此不能用于住宅和商业开发，无法通过正常渠道获得贷款。而该项目的开发商属于具有一定房地产开发、建设经验，但资本并不雄厚，难以在正规的土地市场上通过合法的招、拍、挂程序取得住宅和商业开发用地。而该地段区位优越，土地资源具有稀缺性，进行房地产开发会有较高的利润率，因此该开发商也愿意冒险进行开发。此外该开发商作为本村村民，与村集体组织的主要工作人员和村民形成了比较强的社会网络，在一定程度上保障其开发可以顺利进行。由于该地段为合作方式建设，不需要大量的资金购买土地,也有能力进行开发。开发过程中涉及的主要参与主体有村集体组织、主要开发商A、合作开发商B和C，次级的资金提供者以及间接参与者银行。

（1）村集体组织：村集体在开发融资、建设与的各个步骤中都有所参与，并占有重要地位。其中最重要的是，作为此处开发小产权房的土地提供者与建设完成之后，小产权房 1 ～ 4 层的老年活动中心的所有者。

（2）主要开发商 A：此人在开发过程中，占据多个角色，处于开发过程关系网络中的结点位置。他本身也是此村村民。与村集体签订协议后，又成为此处小产权房的开发者。但其资金并没有雄厚到能够独自开发小产权房，于是和其他开发商联合共同开发。与此同时，作为建筑商，他又承担了建设此处小产权房的任务。

（3）合作开发商 B、C：开发商 A 由于无法独自承担开发的资金压力，找到朋友 B 与 C，共同对此处小产权房进行开发。

（4）开发商 b1、b2、b3，c1、c2、c3……：他们分别是为开发商 B 与 C 的亲戚朋友，处于开发商 B 与 C 的下线，为开发商 B、C 提供资金支持。举例说明，b1、b2、b3 为开发商的一个兄弟与两个姐妹，分别小规模地出资，获取一定的开发股份比例。

（5）银行：由于小产权房不存在产权，不能抵押贷款，因此开发过程中与银行的关系较小。只有第二线的开发商 b1、b2、b3，c1、c2、c3……部分用自己原有房产抵押贷款获得现金。

7.1.2　项目发起

该村集体意欲开发老年活动中心的消息，被村民，即开发商 A 得知。于是开发商 A 找到相熟的同村村委领导进行洽谈，并且最终与村集体签订协议，对此处小产权房进行开发。协议协定，村集体提供开发所需的土地，开发商 A 提供资金，建设一幢高 22 层的建筑，建筑的 1 ～ 4 层交与村集体作为老年活动中心，剩余 18 层房屋由开发商 A 处置，可以自住或对外销售。

然而，开发商 A 虽然取得协议，但是并没有充足的资金用于开发此处小产权房。于是开发商 A 找到关系密切两位村民 B 和 C 作为合作伙伴，共同进行开发。三人基于信誉的基础，立下口头协议：由合作开发商 B 与 C 为开发商 A 提供一定的资金算作入股，最后三人共享 22 层建筑中除用于老年活动中心以外的 18 层住宅。三人比例分别为，开发商 A 占据 40% 股份，合作开发商 B 与 C 各占据 30% 股份。

但是，合作开发商 B 与 C 均有自己的产业与资金需求，所开发小产权房也无法获得银行贷款。于是，合作开发商 B 与 C 为保证原有的资金循环不断裂，拥有充足的流动资金，找到了自己熟悉的亲朋好友 b1、b2、b3，c1、c2、c3……作为下线。开发商 B 与 C 分别基于自身信誉，与 b1、b2、b3，c1、c2、c3 等制定口头协议，由 b1、b2、b3，c1、c2、c3 等提供资金，而开发商 B 与 C 分出一部分股份，建筑建造完毕之后，这些下线的亲朋好友可以根据其出资比例拥有 1 层或者半层的房产。

上述三种过程，都是基于信誉的基础建立的，村集体基于对本村村民的信任，开发商 A 对于朋友开发商 B 与 C 的信任，开发商 B 与 C 对亲戚朋友开发商 b1、b2、b3，c1、c2、c3 等的信任。其中，村集体与开发商 A 之间虽然签署有书面协议，但是开发小产权房并不受法律保护，此协议的法律地位也值得商榷。

这种基于信誉的或口头或书面协议关系，也是一种双向选择的结果。因为基于信誉，所以开发商 B 与 C 必须选择熟悉的人作为次一级的投资者，b1、b2、b3，c1、c2、c3 等，以保证资金能够按照协议按时按量地到达手中，能够提供给开发商 A，完成自己与其的协议。而开发商 b1、b2、b3，c1、c2、c3 等也不会仅仅基于一个口头协议，就把自己辛辛苦苦赚来的血汗钱交给一个陌生人来经营。另外，在目前房地产市场火爆、房价上涨快速的背景下，投资房地产是一项非常稳定的投资。即使没有合法产权，此前地段周围已开发的小产权房热卖也使得这些下线的投资者对该项目较有信心。而对于这样一个投资回报高、利润率也高的项目，但是又存在一定风险，交给熟人来赚钱比交给一个陌生人要更有利，也更有保证。

7.1.3 融资与建设

上一阶段均在 2009 年 3 月之前完成，其中村集体与开发商 A 的书面协议签订于 2009 年 3 月。而这一融资与建设阶段，则整整横跨了 2009 ~ 2010 年两年时间。这一阶段根据各阶段融资情况不同以及建设项目的不同，共分为三期。

第一期为基础阶段，从 2009 年 3 月到 2009 年 5 月。这一阶段，各项协议均已明确落实，开发商 A 找到本地的建筑设计院进行建筑设计，并通过自己的一般途径（其为建筑商），采购所必需的一部分物资，施工队开始上工并打好地基。与此同时，第一轮融资也已完成，各个开发商均出资了预算总投资额的 20%。

第二期为建设阶段，从 2009 年 5 月到 2010 年 5 月。这一阶段主要是建筑的建造，从一层到封顶为止。第二轮融资也在此时完成，交纳总投资预算额的 20%。然而，由于二期所使用的材料费用较高，在 2009 年 10 月时，加收了 20% 的材料款。第二期后期从 2009 年 10 月至 2010 年 5 月。这一阶段的建筑任务主要是内外墙的粉刷、铺设管道、拆除脚手架等。这也是融资的第三期，各开发商都补交了上述 20% 的总投资预算额。

第三期为交付阶段，从 2010 年 5 月到 2010 年 10 月。这一阶段的建筑任务不多，主要是在楼内安装上电梯，并且修正周边道路。最后在 2010 年 10 月房产交付时，各开发商将最后的尾款，即 15% 交给开发商 A，而 A 则将 1 ~ 4 层交付给村集体，剩下的交付给各个开发商。

7.1.4 销售阶段

该项目中的各级开发商和投资者大多数都是基于投资的角度来投资开发此

处小产权房项目，由于其产权缺失的特殊性，不能在正规的房地产交易市场上进行交易。因此，小产权房的出售路径更多通过一种社会网络关系进行销售。

一种途径是由开发商 A 回购。此处小产权房的平均成本约为 2100 元 /m^2，而回购价格为 3888 元 /m^2，高于成本价，而低于小产权房的市场价 4400 元 /m^2，这使得合作开发商和投资者都对其持有此处房产有充足的信心，就算市场上还没有足够的购房者，也能以稍次的价格出售。但是通过回购途径，房产仍然在开发商手上，只不过开发商持有房产的数量更加集中而已。而另外一种途径就是通过网络销售，小产权销售中有些是通过社会关系直接进行交易，此外，也有相当部分买房者，与村集体组织、村民和开发者、投资者之间没有直接的社会网络关系，但是了解到此处有小产权房出售，也会与开发商 A，合作开发商 B、C 进行商议，或者和其他投资者协商，然后购买小产权房，但是这些买房者一般而言购买住宅套数不会很多，尽可能避免太高的风险。

有以上案例可以看出，在非正规开发的项目发起、前期融资和房屋建设阶段，开发商和投资者与村集体组织有着较为密集的社会网络，从而支撑不受法律保护的非正规开发过程，这一阶段投资风险较大，所以需要紧密而相互信任的社会网络支撑，例如直系亲属、关系密切的朋友等。之后进入销售阶段，投资风险也开始下降，进入网络的成员越来越多，甚至出现了一些与开发商和投资者并无社会联系的成员，这些成员在非正规开发网络中处于最边缘的位置，同时承受的投资风险也最少。

7.2 规划实施与非正规土地开发

规划是政府基于经济发展、社会公平和环境保护等不同维度，协调各方利益诉求，然后对空间资源和土地利用进行权威性的管制，是具有空间属性的公共政策。然而，由于各利益相关方在权力、智力资源、财富上的差异，以及规划传统中自上而下主导的工作方式，所以编制规划成果往往与特定群体的利益诉求存在差异，尤其是在正式政策制定平台中缺乏博弈能力、谈判能力的主体，其利益诉求往往不能在规划中得以充分表达。因此，在规划实施过程中，自上而下的规划目标往往会在特定地方单元内，被社会主体及其日常生活所侵蚀、改变甚至颠覆，从而导致非正规的土地开发，在此过程中，各方的利益关系重新分配,形成新的社会关系。本节以大城市中心区周边的绿地规划实施为案例，分析村集体、村民如何在规划的影响下，形成非正规的土地开发，以及转移和分配土地开发权的机制。

7.2.1　绿地规划制定

燕东镇位于某大城市中心城区东南侧，北临市中心商务区，南接开发区，镇域内有多条城市主要环路以及一条高速公路穿过。该镇辖区面积约 25km^2，呈现由中心向郊区的楔形（图 7-1）,包括八个行政村，分别为江村、石村、周村、棠村、吕村、武村、溪村和衡村。

凭借区位和交通设施便利优势，燕东镇在过去二十年经济快速发展，并经历着快速的城镇化。一方面，外来人口大量涌入，镇域内外来人口由 1987 年的 3300 人飙升至 2008 年的 143257 人，使得燕东镇成为该市外来人口最为密集的聚集地之一。与此同时，随着该地区绿地规划的实施，部分村民通过搬迁上楼转变为城市居民，镇域内户籍农业人口数量由 1987 年的 25576 人持续下降至 2008 年的 20728 人，此后镇域内农业人口基本保持稳定，到 2015 年，农业人口数量为 21066 人,而户籍非农人口则由 1987 年的 3181 人增至 18790 人。

虽然按照户籍登记，燕东镇本地居民中仍有超过半数为农业人口，但是实际上早在 80 年代末，燕东镇的产业结构就已开始转型，目前实际上从事农业的劳动力仅占该镇从业人员的 1.2%。在 1987 年，燕东镇第一产业所占比例就已经降至 20%，而以乡镇企业为主体的第二产业和第三产业分别占 65.2% 和 16.7%。此后，以工业为主的乡镇企业继续快速发展，到 90 年代中期达到峰值，第二产业总产值占该区域经济总产值的 69.2%。自 1998 年以来，由于乡镇企业竞争力不足、缺乏技术更新的实力、国内市场竞争加剧等原因，燕东镇内乡镇企业经营状况普遍下滑。此后，燕东镇凭借区位条件优越，以建材、装饰材料为主的租赁市场快速发展，村集体主要收入转向房屋土地租赁业。从该镇 GDP 的构成比例来看，2002 年第一、第二、第三产业分别占 GDP 的 4.34%、42.62% 和 53.04%；而到了 2008 年，第三产业占 GDP 的比重已经超过 80%。

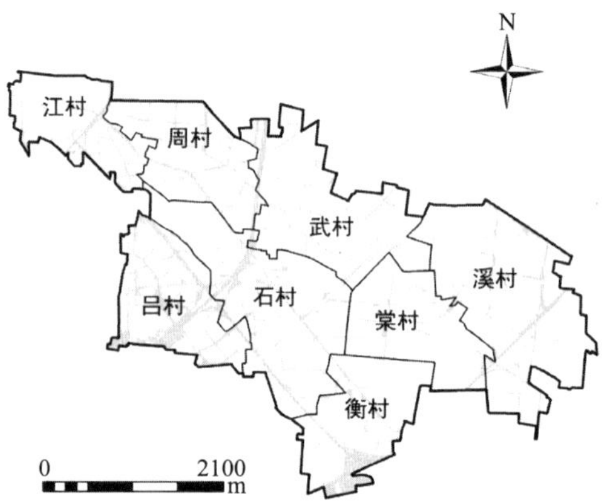

图 7-1 燕东镇行政区划示意图

2000 年初，该市政府启动了中心城区外围建设绿化带的政策，政策主要目标包括：在规划区域内，在 3 ~ 4 年内增加 $60km^2$ 绿地，使得绿地面积达到规划区域的 50% 左右，加快近郊区城市化进程；调整绿化地区内的产业结构，疏解污染较为严重的企业、工厂、仓库、作坊等；加快综合基础设施建设，实现农村居民集中居住。基于这些政策目标，相关单位进一步编制了绿化地区总体规划和控制性详细规划。

为保障绿化地区的规划实施，该市政府还颁布了明确的产业用地、绿地和住宅用地补偿标准。其中,新增建设用地面积不得突破原有农民宅基地的面积。允许集体经济组织开发建设部分商品房上市出售,所得收入全部用于补偿拆迁、新村建设及绿化建设,建设农民自住房屋和上市出售的商品房的比例为 1∶0.5。其中农民自主房屋一般按照人均 40 ~ 50m^2 或者合法房屋面积计算；对经营性的绿色产业项目，其绿化面积在 100 亩以上的，允许有 3% ~ 5% 的土地用于与绿地相适宜的建设项目，但不得用于房地产开发和工业项目。

燕东镇大部分区域都位于绿地规划范围内。在 2000 年，燕东镇共有 892.83hm^2 的绿地区域，包括 714.9hm^2 耕地（主要用于种植蔬菜）和 98.47hm^2 林地。根据 2001 年所编制的规划，该镇绿地应该扩大至 1192hm^2，其中林地面积增加至 993.29hm^2，耕地面积则减少至 144.08hm^2。绿地政策目标主要通过将耕地、村民居住用地和乡镇产业用地转换为永久性林地来实现，包括通过分散居住的村民搬迁集中上楼居住，从而将居住用地面积由 445hm^2 缩减至 193hm^2；减少乡镇和村集体占用和出租的产业用地，将集体产业用地土地面积由 551.76hm^2 缩减至 61.27hm^2，而村集体可以获得绿地面积 3% ~ 5% 的合法建设用地用于产业发展。

7.2.2　绿地规划实施情况

2008 年是其预定的规划实施期限，但是，截至该年，只有 31.5% 规划绿地范围（即 376.06hm^2）按照规划转变为林地。其中，新增林地面积中超过 95% 是由耕地（此前主要用于种植蔬菜）转化而来，仅有 5% 来源于其他土地用途。换而言之，基本上并没有绿地的净增长，而仅仅是从一种形式的绿地（耕地、菜地）转化为另一种形式（林地），并未实现规划中所设定的增加绿地面积目标。

在集约利用农村居住用地方面，截止到 2008 年，仍有 444.9hm^2 的村集体居住用地，仅有不到 10% 的原村民迁入新建的多层住宅区，腾空宅基地面积 20.4hm^2，而用于回迁住宅区建设的用地为 19.9hm^2，增减基本平衡，面积并未减少。而同期用于商品住宅开发的土地面积也达到 30hm^2，其中 70% 面积的土地原使用用途为耕地，只有 30% 为原村民居住点宅基地。

在集约利用产业用地方面，在 2001 年编制的控制性详细规划中不仅希望控制燕东镇的违规产业用地增长趋势，还希望将绝大部分未经审批占用的产业用地（490.19hm^2）转变为绿地。自 2000 年以来，在原有 551.76hm^2 的产业用地基础上，又有 356hm^2 的耕地被转换为产业用地，而同期只有 277.59hm^2 的耕地按照规划转换为林地。此外，产业用地开始出现蛙跳式扩展，已蔓延至规划绿带边界外，大量耕地被非正规地转变为产业用地（图 7-2）。

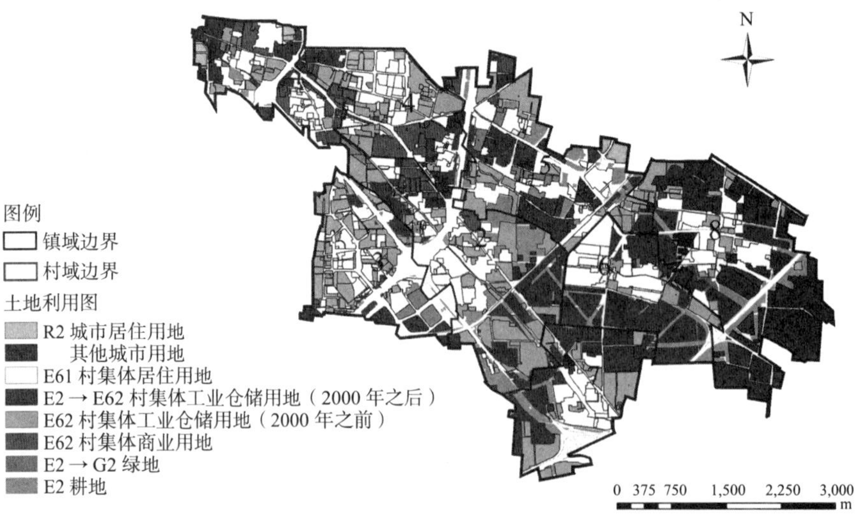

图 7-2 燕东镇土地利用图（2010 年）

7.2.3　非正规土地开发权形成和转移

在绿地规划实施过程中，涉及村集体土地，并且形成了大量非正规的土地开发行为。首先，从利益分配关系视角来进行分析。在规划实施前，燕东镇内的土地主要为耕地、宅基地和村集体产业用地。由于该镇各行政村长期处于人多地少的状态，所以，并未采用耕地承包到户方式，而是由村集体（行政村和队两级）来统一管理，安排部分劳动力集中种植，剩余劳动力则安排至乡镇企业工作，或者由其自主择业，通过经营乡镇企业或者出租收入，村集体为村民提供福利保障和分红。

然而，随着城市的扩张，加之燕东镇的区位优势，使得其耕地的开发价值提升。村集体将部分耕地以合同方式出租用于开发，以获得更多收入，村民也从中受益。土地开发之后，用途发生改变，但是之前的集体收益分配关系仍然保留，只是土地权属更加细化和碎片化，涉及的关系主体增加，引入新的土地使用者。土地开发收入取代原有的农业耕地收入，成为村集体村民收入来源和福利保障。绿地规划实质上是城市政府希望通过限制规划绿地区域土地开发权方式，来服务整个城市的公众利益。基于我国特有的土地所有权制度，一方面，城市政府事实上享有在法律上赋予或认可村集体土地开发的权力；但另一方面，却缺乏实施这种权力所需的行政资源、信息手段和管制监督能力。因此也就导致村集体土地开发权相关的产权制度，处在永无止境的缔约过程，实施过程也影响规则，在实施中形成土地开发权的产权制度。

这一过程与之前的农村土地承包制度改革也有很大差别，非正规的土地开发权并不按照自上而下、相对同一的制度来进行整体式变革，而是由于城市扩张、交通设施改善等条件下，土地开发利用价值的提升而引起的渐进式改变。同样，由于其渐进特征，导致市、区政府在特定时空范围内，难以完全主导村集体、村民土地开发权的规则演变。

正如周村村委一位长期负责管理土地目录的工作人员坦言："在我们村，1997 年有 558 亩（37.2hm^2）的耕地，而到了 2001 年，仅剩下 229 亩（15.3hm^2）的耕地和由于绿带政策由耕地转变为林地的 96 亩（6.4hm^2）。我们并不敢挪用林地作为建设用地，但是占用耕地就相对安全多了。只要通过三至五年的租地收入，就远远超过几十年的农业收入。在 2004 年，最后的 7 亩被租出去，因此到 2008 年，整个周村已经没有耕地存在了，但在乡镇统计的土地用途中周村还有耕地。事实上，整个乡镇耕地面积的统计数据和现实情况是有出入的，镇政府也难以了解村集体中每块土地的使用情况，更不用说更上一级的市、区政府。村集体都保存着两份数据，一份用来作为应对上级检查核对用，另一份是真实留底的数据。在 2004 年取消农业税之前，每年就按照供官方使用的耕地统计数据收税。"

而另外一个原因就是，村集体土地开发权涉及的社会关系超出土地的实际使用者本身。虽然，燕东镇的扩大绿地面积有利于环境的改善、城市品质的提升，但其对于村民收入的负面影响也不容小觑。如果强行推进，可能会引发村集体和村民的强烈不满，甚至对抗。该镇一位基层干部也解释了对于部分集体土地上不按照规划实施为绿地，而对违章建设保持相对宽容态度的原因。

"上面虽然也给了每亩 5000 元的补偿，以及每年 120 元的标准养护费，但是，这点钱根本不够村民生活，如果不搞一些开发，他们吃什么？如果村民不满意，闹起来那麻烦就更大了。"

而燕东镇绿地规划实施的另外一个特征就是绿地实施面积在八个行政村中并非均衡分布。如图 7-3 所示，越靠近城市中心的村（如周村、石村、武村）绿地实施的面积和比例较低；而距离城市中心较远的（如棠村、衡村）绿地实施的面积和比例较高，尤其是在棠村，村域内过半面积的土地按照规划均要从耕地转变为林地。

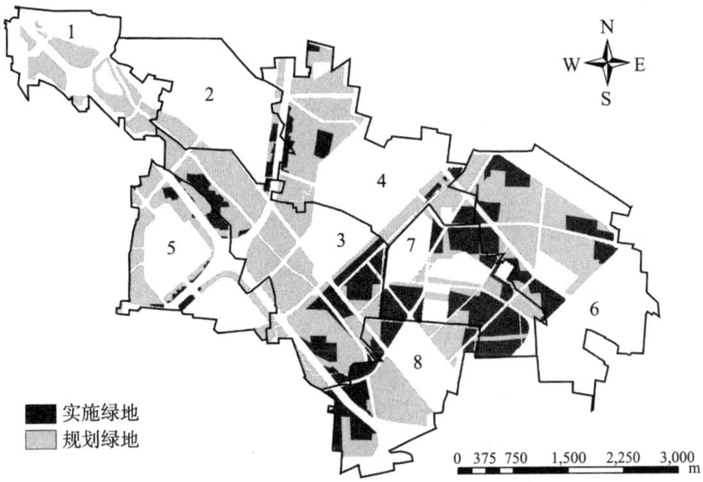

图 7-3　燕东镇绿地规划与实施情况空间分布图

绿地面积在燕东镇各行政村的不均衡分布，部分由于各行政村土地的市场租金具有明显差异，但政策规定的绿地补偿标准则并无差别。在实施相同绿地面积情况下，区位偏远的行政村实施较多绿地更有益于燕东镇的整体经济利益。因此，燕东镇政府采用了非正规的开发权转移方式，协调各行政村利益，由绿地面积实施较少但地租较高的行政村提供一部分资金补贴绿地面积实施较多的行政村。以 2008 年为例，该区域非正规土地开发的租金最高可达每亩 10 万元，但是，如果土地作为林地，村集体只能从市政府获得每亩 5000 元的补偿费用，二者收入相差 20 倍。因此，在镇政府统筹下，由绿地面积较少的行政村补贴每亩 1 万 5 千元给绿地实施面积较多的行政村。最终，对于燕东镇政府而言，即能更好地完成规划中的绿地面积要求，同时也尽可能帮助村民获得较高的地租收益，实现村集体之间的利益平衡。在这些镇与村、村与村和村集体与村民社会关系下，形成了特有的土地开发权转移机制，并获得镇政府、村集体和村民的认可，形成一种平衡状态。也可以说，绿地规划在实施过程中形成了燕东镇特有的土地开发权益关系，也形成了特有的产权规则。

7.3 非正规土地开发的治理模式比较

7.3.1 非正规土地开发的治理

现阶段，在我国城市更新中，相对于多元参与的实际需求，治理机制的建设相对滞后。在缺乏有效的制度保障下，城市更新的主要参与者——政府、市场和社会不得不通过“非制度化”的方式来维护或者攫取更多的利益（孙立平，2005）。这一方面导致城市更新难以吸引社会资本，更新过程停滞，阻碍城市升级转型，损害城市整体利益；另一方面，各方参与者掌握社会资源的不同，拥有了不同的决策权力，缺乏合理的博弈平台，很容易出现强势群体对弱势群体的利益剥夺，造成社会分配不公，影响社会诚信和稳定（张京祥 等，2012）。

近些年，因城市更新中治理机制的缺失而造成的社会分配不公现象屡见报端，例如工地中孤单耸立的钉子户，拆迁房屋维权的自焚者，拆迁过程中群体性冲突等。自 20 世纪 90 年代以来，地方政府依靠其掌握的强大的行政资源，与掌握资本的开发企业结成联盟，如果该地区的居民没有能够形成与之抗衡的社会资源，那么就会出现由开发商和地方政府主导的强势拆迁。其结果是社区居民被排除在决策和实施过程之外，自身利益难以得到有效保障。部分学者结合美国“增长机器”理论，将这种治理模式总结为具有社会主义特色的经济增长同盟（Pro-growth Collation）（Zhang，2002；Zhang et al.，2004；Zhu，1999）。

因城市更新中治理机制的缺失而造成的社会分配不公，还表现为另一种形式——社会居民的极端利己主义行为。近些年，在城市更新的实践中，出现了极端利己主义的现象，即在补偿标准已满足大部分居民需求的状态下，只是因为极少数居民的反对，造成整个城市更新项目的停滞，影响到社区大部分居民的利益，也增加了市场的不确定性，提高了城市开发的成本。而给予部分居民远高出市场价格的补偿，同样也有悖于公平原则，并实际上形成了一种非正规制度结构或者说一种恶性的“潜规则”，鼓励更多居民在未来城市更新项目实施过程中采取极端利己行为。

7.3.2　深圳城市更新

作为改革开放的窗口和城市规划、土地制度创新的前沿城市，深圳自2009 年根据广东省政府出台的《关于推进“三旧”改造促进节约集约用地的若干意见》[①]，借鉴国外城市更新经验，尤其是我国台湾地区的区段征收和市地重划，出台了《城市更新管理办法》，形成了政府、市场、村民多元竞争和协作的城市更新治理模式。如表 7-1 所示，该治理模式具有以下特点：

首先，在城市更新治理主体方面，通过法规形式明确了市区政府、村集体（或代表其利益的经营公司）和开发商均可申报更新计划的权力，赋予三者参与城市更新范围划定、项目启动等议题的讨论与协商的权利；其次，综合考虑城市公共利益、原住民的个体利益、产业结构升级、环境设施改善、保障住房建设等，追求多元化的城市更新目标；再次，制定《深圳市城市更新办法实施细则》，明确拆迁安置的标准、实施策略、容积率奖惩条件、公共设施匹配要求、保障房供给标准等，寻求规范化的实施途径。

在城市更新的实施效果上，深圳城市更新激发了市场的活力，初步实现了更新地区公共服务质量的提升，增加了土地的有效供给。“城市更新办法”实施以来，深圳城市更新固定投资额占全市固定资产投资额比例由 2009 年的 3.9% 增至 15.6%，投资总额达到 400 亿元。2012 年深圳存量用地供应占供地总量

① 根据广东省人民政府《关于推进“三旧”改造促进节约集约用地的若干意见》粤府〔2009〕78 号，“三旧改造”指旧城镇、旧厂房、旧村庄改造工作。

的 56%，首次超过新增供地，2013 年则进一步增至供地总量的 70%[①]。

北京、广州和深圳城中村改造治理模式比较　　表 7-1

	北京	广州	深圳
治理主体			
项目发起者	市、区政府	市、区政府	市、区政府、土地使用权者、市场主体
项目参与者	政府、市场和本地村民	政府、市场和本地村民	政府、市场、土地使用权者
政策目标			
环境和公共设施改善	√	√	√
政府土地出让收入	√	√	√
本地居民收受益增长	√	√	√
产业结构升级	√	√	√
住房保障	部分项目涉及外来人口出租屋	部分项目涉及保障性住房	分区配建保障性住房
实施手段			
实施过程	拆迁—土地征收—部分土地出让—再开发—收益归公	拆迁—土地征收—部分土地出让—再开发—收益归公	协商—部分公共用地—土地出让—再开发—收益分成
实施机制	地方政府及其代表与村民谈判，村集体作为中介	地方政府及其代表与村民谈判，村集体作为中介	地方政府制定标准，开发单位和村民（或村集体）谈判
协商机制	一对一谈判	一对一谈判	多元的谈判和竞争机制
实施结果			
实施规模	重点项目推进	重点项目推进	全面推广
公共设施与居住环境	√	√	√
村民经济收入提升	√	√	√
保障性住房	部分项目提供	部分项目提供	根据区位按比例配置

① 数据基于 2014 年与深圳市规划和国土资源委员会城市更新办公室相关人员座谈资料整理。

但是，深圳更新过程中，政府过度放任市场主体亦导致部分公共利益难以实现。例如，开发商和村集体协商的城市更新容积率调整过高，公共设施标准较低，降低了建成环境的居住质量；城市更新中市场主体过分追求增值空间较大的工业用地改居住用地类型的更新项目，而较少问津产业升级类的城市更新项目和密度较高的城中村居住改造项目。

7.3.3 广州“三旧改造”

广州与深圳同处珠三角区域，市场经济活跃，同样面临着巨大的产业升级压力。自 2009 年起，广州市先后制定了《关于加快推进“三旧”改造工作的意见》、《关于加快推进“三旧”改造工作的补充意见》等一系列政策，采用简化手续、改造和土地供给主体多元化、土地增值共享的策略，逐渐形成了在政府主导前提下的村集体和市场参与的城市更新治理模式。如表 7-1 所示，该治理模式的主要特点如下：

第一，政府是城市更新的决策核心，起到主导作用，城中村自主改造或协议出让项目均需经领导审批，重点地段倾向于采用土地收储方式，由地方政府实施城市更新。第二，在政策目标上与深圳城有很多相似之处。目标涵盖保障原村民的利益、改善公共设施、提升城市环境、实现产业结构升级等。但对于公共住房需求上略有差异，广州“三旧改造”中并没有明确规定改造之后所提供的保障性住房的比例。第三，实施手段上，广州通过城乡更新改造实施单元，强调“联片改造”，在公益性用地上则与深圳标准类似，均采取改造用地 15% 和 3000m^2 作为公益用地面积下限。但是，广州并未明确引入容积率奖励制度，引导市场力量实现公共设施改善和营造公共空间。

就实施效果而言，政府主导的治理模式导致村集体和开发商参与城中村改造的积极性降低，难以发挥市场的活力。2012 年以来，广州“三旧改造”项目并未形成全面、成熟的市场，主要还是一些重点项目推进，2012 年全市审批的“三旧改造”项目仅有 25 项[①]。

7.3.4 北京“重点村”整治

为实施城乡发展一体化战略，2009 年以来，北京基于海淀区和朝阳区的试点，全面推进 50 个重点村城市化建设项目。项目遵循“政府主导、农民主体”的原则，所谓“政府主导”，指的是政府在“城中村”改造中承担宏观指导和具体落实的职责，从城乡规划、产业布局、基础设施建设、公共服务、劳动就业、社会管理等多角度、全方位推进城乡一体化进程。“农民主体”指的是在政策目标中，保护好农民对集体土地、集体资产方面的权益。引导农民根据区域功能定位，发展有助于发挥当地优势的产业，加强培训，提高农民的就业能力（冯晓英，2013）。如表 7-1 所示，该治理模式的主要特点如下：

第一，以政府自上而下的方式开展城市更新，区政府、乡镇政府及其所属的开发公司为代理人，按照上级政府的要求，参与村民房屋拆迁和补偿谈判；市场主体的房地产公司主要通过土地招、拍、挂方式，通过二级土地市场获得土地开发权，间接提供城市更新所需的资金；村集体和村民虽然不能决定该地区是否进行城市更新，但是可以通过谈判来谋取高额的补偿。这种治理模式下，实施的结果既有村民为获取高额补偿拒绝拆迁，成为“钉子户”；也有村民迫于强势政府而接收低于预期价格搬迁。整体而言，由于北京特殊的国际与国内地位，地方政府比较注重社会影响，因此较少采取强制拆迁方式，这也就导致近年来拆迁补偿逐年升高，“钉子户”现象较为普遍，项目资金难以为继。

第二，北京重点村整治的政策目标向村民就业、社会保障和村集体产业发

① 数据基于 2014 年与广州市规划局、广州市“三旧”改造工作办公室、广州市国土资源和房屋管理局系列座谈汇总，这三个机构 2015 年已分配调整为广州市国土资源和规划委员会、广州市城市更新局。

展倾斜。在房屋补偿过程中，采取“拆一补一”方式，补偿住房面积不仅可以满足村民自住需求，同时还有剩余面积用于出租或者出售，村民宅基地权益得到充分尊重。

第三，北京重点村整治的实施手段仍沿用行政命令与市场相结合的方式。政府出台政策方式，将重点村改造作为区、镇政府的工作目标，国土部门优先安排用地指标，土地储备上市，市区政府投入财政资金 161 亿元，用于市政配套、拆迁奖励和应急风险资金。部分区、镇工作人员直接介入村民拆迁工作，如北京市昌平区采取“区属职能部门包村、处级后备干部驻村、镇村干部包户”推进重点村改造。此外，在部分重点村改造涉及的土地出让中，将经济适用房作为土地招、拍、挂条件，在满足一定土地价格基础上，以提供政府低价回购的住宅面积作为竞拍条件，通过市场力量建设保障性住房。

就实施效果而言，重点村改造推进了该区域城乡结合部本地村民的城乡一体化进程，本地村民不仅获取了较高的现金和房屋补偿，还享受了与市民相同的社会保障，村集体产业也有所提升。但是重点村改造并未继续推广，究其原因，在于这种改造方式加大基层政府工作压力，同时也使地方政府需要承担巨大市场风险。此外，对于此前居住在该区域的大量外来人口并未给予足够关注，虽然部分项目如北坞村、塘村更新改造后等考虑配套外来人口出租屋，但是其数量与此前该区域 100 多万外来人口相差甚远，且其户型和价格主要服务于中、高收入外来人口。这就导致改造后，外来人口住房问题也未得到改善，而是转移到其他周边区域，重新积聚形成新的“城中村”（陈晶等，2015；叶裕民，2013；张磊，2013）。

7.4　非正规开发的正规化制度比较

土地所有权由土地占有权、使用权、收益权、处分权四项基本权利构成，四项基本权利在土地宏观管理者、土地所有者、土地使用者三个主体之间分割，土地所有者产权居于核心地位。村集体土地上的非正规开发行为，虽然在法律意义上，已经超出了对于村集体和村民的使用权规定，并不应当享受违反法律、法规的土地开发的收益权和处分权。但事实上，通过房屋出租等行为事实上又享受着土地开发的收益，与我国现有村庄宅基地中以保障村民住房权利的“一户一宅”政策相悖。因此，在对于村民宅基地拆迁或者再开发时采用什么样的补偿原则，实际上政府、市场与村民，以及村集体组织与个体村民之间，围绕非正规土地开发权益的分配问题展开博弈所取得平衡，同时也形成了适用于地方实际情况的制度安排。

由于我国各城市村集体土地上，尤其是宅基地上违规建设房屋建设的规模、村民产权意识、政府的管制强度、村集体土地的市场化水平存在较大差异。同时各个行政村之间，村规民约、习俗习惯也有所不同。所以，在村民宅基地拆迁补偿方面，事实上形成了几类不同的补偿原则，这些补偿原则反映出村民对于土地权利，尤其是对开发权受益主体认识的差异和变迁，以及各地方政府，尤其是基层地方政府，在法律法规框架下，结合本地的管制环境，采用适当的管理策略和手段实现非正规开发正规化的探索与努力。

这些原则包括按照人口补偿、土地补偿和房屋补偿：按照人口补偿即保障农村户籍人口公平获取住房权利的原则，补偿标准划定以家庭在册户籍人口为主要标准；按照土地补偿，则是以农村家庭所拥有的宅基地面积为主要依据进行补偿，而按照房屋补偿，则是以农村家庭宅基地上所建房屋面积为主要依据进行补偿。以上三种原则在具体实践中虽然会有所倾向，但并不是非此即彼的排斥关系，而是呈现相互融合的趋势。整体而言，产权意识强、市场化程度高、政府管制较为宽松的区域往往会采用按照房屋补偿或者土地面积补偿，而产权意识弱、市场化程度低、政府管制较为严格的区域则更倾向于按照户籍人口数量进行补偿。

7.4.1　保障农村户籍人口公平住房权利

保障村民户籍人口公平住房权利的正规化制度设计延续了原有“一户一宅”平均分配住宅用地的原则。基本特点就是以被拆迁或者改造村庄中，村民家庭中户籍人口数量为基本原则无偿分配或者以远低于市场上的价格分配一定面积的住房，拆迁后补偿的住房拥有全部的合法产权（例如商品住宅）或者符合一定条件下进行市场交易的住房（经济适用房）。北京市在 2000 年实施的绿化隔离地区建设中，就基本采用这种按“人头”补偿的原则。

北京在 2000 年重启了绿化隔离地区建设，并成立以市长领衔，由市委、市政府主要领导，规划、国土、交通、环保、财政等各部门负责人，以及涉及绿化带隔离建设的朝阳、海淀、丰台和石景山区区长组成的市绿化隔离地区建设领导小组。在该小组制定的《关于加快本市绿化隔离地区建设的意见》中明确提出“农民以建安价格购买自住房，每人享有一定住宅面积的购买权”。此后，制定的《关于加快本市绿化隔离地区建设的暂行办法》中，进一步明确在“农村原有住房拆除的前提下，购买自助房的建筑面积按照人均 40 ~ 50m^2 计算，或者按照现有正式住房 1 : 1 的面积计算”。

按照“人头”补偿的方式，较少考虑村民的宅基地权益，补偿面积与村民实际占有的宅基地面积无关，实际上是通过拆迁方式按照均等化原则对村民住房进行了一次再分配。这一原则对于原有宅基地面积小，且户籍人口比较多的家庭更有利，而对于宅基地面积大且户籍人口较少的家庭则明显所得补偿要低。当村民对于宅基地产权意识不强，且人均宅基地面积较少时，按照这种原则制定的补偿政策遇到的阻力较小。但是该政策最大的问题，在于对于户籍人口的确定，因为拆迁过程往往周期较长，在此过程中，户籍人口往往会有所变动，而实施绿化隔离地区往往是乡村与城市接壤地区，经济条件较好，户籍人口迁入较多。所以，实际补偿面积往往会超出原计划的面积。

7.4.2 保护农村宅基地产权

随着城镇化和市场化的推进，村民从宅基地上获取的实际经济收益及预期也不断增加，村民对于宅基地的产权意识日益增强。在此情况下，原来以“人头”为原则进行补偿的方式越来越难以推进，而地方政府也越来越倾向于按照宅基地面积为基础进行拆迁补偿的原则。

以北京市海淀区为例，2010 年，海淀区政府印转了《关于海淀区北部地区宅基地腾退安置及补充工作的指导意见》，意见包含了宅基地腾退基本原则、民主程序、腾退安置和补偿标准等，明确规定宅基地腾退安置以宅院为单位，采取宅基地换定向安置房和货币补偿相结合的方式进行，0.4 亩以内的宅基地 1∶1 置换定向安置房，超出部分按定向安置房价格给予货币补偿。而“人头”补偿则成为辅助条件，主要用于救济或者补助那些宅基地面积小，而户籍人口数量多的家庭，这些家庭一般而言往往家庭收入较低、社会和行政资源较少。

在具体实施过程中，不同的行政村在宅基地面积认定、置换面积、政策细节上仍有差异。仍以北京市海淀区为例，2010 年以来搬迁腾退的村庄中，景寺村[①] 的补偿标准就是在宅基地面积与安置房 1∶1 置换的基础上，最多可免费增加 $30m^2$，超过 $30m^2$ 的部分需按 45000 元 /m^2 购买；塘村在 1∶1 置换的基础上若人均不满 $50m^2$ 可按人均 $50m^2$ 补足，但补足部分需按 4500 元 /m^2 购买，若宅基地面积大于安置房面积，多出部分可按 1.2 万元 /m^2 给予补偿；潇河村则分奖励期内和奖励期后两个时间段，奖励期内置换方式与塘村类似，只是在 1∶1 置换或补足人均 $50m^2$ 后因户型原因最多还可再多 $10m^2$。北农园村在 1∶1 置换最多不超 $10m^2$ 的基础上针对住房困难家庭可多一个自然间或最小成套住宅（表 7-2）。

① 本节所选景寺、塘村、潇河村、北农园村和安宁村均为化名。

宅基地腾退置换标准比较　　表 7-2

	景寺村	塘村	潇河村	北农园村	安宁村
宅基地置换	按宅基地面积 1∶1 置换，因户型原因，最多不得超过 $30m^2$	按宅基地面积 1∶1 置换。人均不足 $50m^2$，可按人均 $50m^2$ 补足，补足部分只舍不放	奖励期内：按宅基地面积 1∶1 置换，因户型原因，最多不得超过 $10m^2$。人均不足 $50m^2$，可按人均 $50m^2$ 补足，补足部分需购买，因户型原因，最多不得超过 $10m^2$；奖励期后：按宅基地面积 1∶1 置换	按宅基地面积 1∶1 置换，因户型原因，最多不得超过 $10m^2$，住房困难家庭可多一个自然间或最小成套住宅	按宅基地面积 1∶1 置换。人均不足50平，可按人均 $50m^2$ 补足，超出部分按 6200 元 /m^2 购买（奖励期按 4960 元 /m^2）
超出标准宅基地补偿	—	按12000元/m^2 补偿	按 24000 元 /m^2 补偿	按35000元/m^2 补偿	$20m^2$ 内的按 11000 元 /m^2，$20m^2$ 以外的按 6200 元 /m^2 补偿
超出房屋购买	超出 $30m^2$ 以上部分按 45000 元 /m^2 购买	按人均 $50m^2$ 补足部分 4500 元 /m^2，困难户优惠 20%，超生子女按 6000 元 /m^2	超出 $10m^2$ 以内，按 4500 元 / 平购买；按人均 $50m^2$ 补足部分 4500 元 /m^2，再超过 $10m^2$ 部分按 5800 元 /m^2 购买	超出 $10m^2$ 以内，按7000元 /m^2 购买	超出10m以内，按 4500 元 /m^2 购买；享受人均 $50m^2$ 政策不再享受 $10m^2$

注：村庄名称均为化名，请勿对号入座。
资料来源：实地访谈

而对于宅基地上合法房屋和附着物的补贴，所有村庄均按照房屋的重置成新价给予补偿。但是对于宅基地上无合法手续的建筑，或者违反房屋建设规定修建二层及以上房屋的建筑补偿方面，各个村庄在实际操作过程中往往会采用不同的标准。

其中，景寺村、塘村、潇河村、北农园村均位于海淀区城乡结合部，且靠近城市中心区，外来人口较多，宅基上违法建设的情况非常普遍，有违法建设行为的住宅比例超过 75%。即使在区位相对偏远的安宁村，宅基上有违法建设的比例也超过 50%。虽然对于这部分违法建设并未正式被官方认可，但是对违法建设部分的补偿对于村民是否愿意拆迁或者腾退至关重要。因此，在实践中也往往给予一定的补贴。塘村按院落给予一定拆除补助，景寺对二层给予最高 800 元 /m² 的拆除补助，三层及以上不补助，安宁村给予每院 15 万元的拆除补助，潇河、北农园则不补助。对于违法建设部分给予补偿对于无违建行为的家庭并不公平，但是实际上，为了平衡村民的利益，对于无违法建设行为的村民往往也会给予补助，例如景寺和安宁村对于无违法建设行为的村民家庭，分别给予 10 万元和 15 万元的补贴。因此从结果来看，违法建设面积与最终补偿之间联系并不密切。

此外，为了对宅基地上建房村民在规定的腾退期限届满前腾退的，往往还会以宅院为单位，按照各种名义给予奖励（表 7-3）。以景寺、塘村、潇河、北农园和安宁村为例，除按文件规定的提前搬家奖励费及工程配合奖励费外，均提供了其他的奖励，其奖励的上限（即宅基地面积按 0.4 亩，奖励期按最早），景寺村为 80 万元，塘村为 30 万元，潇河和北农园均为 50.5 万元，安宁村 71.6 万元，产生这种差距的主要原因项目实施时间和区位不同，导致补偿金额也有所差异。

宅基地搬迁补偿标准　　表 7-3

	景寺	塘村	潇河	北农园	安宁村
二层及以上房屋	二层给予最高 800元 /m² 拆除补助，三层不补助	按院落给予一定拆除补助	不补偿	不补偿	15 万元 / 院拆除补助
提前腾退奖	10 万元 / 院	5 万元 / 院	5000 元 / 户	5000 元 / 户	5 万元 / 院
工程配合奖	20 万元 / 院	分三期，分别是 25 万元，20 万元，15 万元	30 万元 / 院	30 万元 / 院	25 万元 / 院
支持工程奖	按宅基地面积 1500 元 /m²	—	—	—	按宅基地面积 1000 元 /m²
无加盖二层奖	10 万元 / 院	—	—	—	15 万元 / 院
综合补助奖	—	—	—	20 万元 / 院	
附属物补助	—	—	20 万元 / 院	—	

资料来源：实地访谈

在实际操作过程中，为鼓励村民搬迁的积极性，往往会采用提高合法房屋建筑面积或重置成新价等多种方式给予更高补偿。按照规定，除对宅基地进行补偿和房屋进行补偿外，海淀农村宅基地腾退需向被搬迁的村民提供搬家补助、停产停业补助费、装修补助、其他补助等。如果安置房屋为期房，尚需提供周转补助，异地安置需异地安置补助。这部分补偿金额相对于置换的房屋价格而言，金额较小。而在补偿标准上，则存在差异，有的行政村基于按照“人头”补贴方式，例如塘村和安宁村按照被搬迁或者腾退的人口来计算周转补助，而景寺、潇河和北农园则按安置房套数和户型计算，补偿标准按照当地平均房屋出租价格制定。而之所以产生这种差异，主要取决于被搬迁村民的整体意愿，这部分补助费根据安置房套数和人口进行测算，实行总量控制，不论按人口还是按安置房发放补助费，需要支出总额相差不大（表 7-4）。

宅基地腾退补助费用标准比较　　表 7-4

	景寺	塘村	潇河	北农园	安宁村
周转补助费	按安置房套数计算，一居 4000 元 / 月，二居 5000 元 / 月，三居 6000 元 / 月	按人口计算，每人每月 900 元	按安置房套数计算，一居 2500 元 / 月，二居 3500 元 / 月，三居 4000 元 / 月	按安置房套数计算，一居 3500 元 / 月，二居 4500 元 / 月，三居 5000 元 / 月	按人口计算，每人每月 1200 元
搬家补助费	按宅基地面积 40 元 /m^2	按宅基地面积 40 元 /m^2	按宅基地面积 40 元 /m^2	按宅基地面积 40 元 /m^2	按宅基地面积 40 元 /m^2
其他补助	分体空调 400 元 / 台；有线电视 300 元 / 端；固定电话 235 元 / 部	分体空调 400 元 / 台；有线电视 300 元 / 端；固定电话 235 元 / 部	分体空调 400 元 / 台；有线电视 300 元 / 端；固定电话 235 元 / 部	分体空调 400 元 / 台；有线电视 300 元 / 端；固定电话 235 元 / 部	分体空调 400 元 / 台；有线电视 320 元 / 端；固定电话 235 元 / 部
装修补助	按安置房面积，300 元 /m^2	按安置房面积，300 元 /m^2	按安置房面积，1000 元 /m^2	按安置房面积，1000 元 /m^2	按安置房面积，300 元 /m^2
异地安置补助	—	—	—	50 万 / 院	—

资料来源：实地访谈

7.4.3 尊重宅基地上房屋产权

在市场化程度高，租房需求量大、村民产权意识比较强，政府管制相对宽松的区域，村民在宅基上建房面积和层数远远超出自住需求，而地方制定的合法建设面积也远远大于其宅基地面积，在这种情况下，城市更新或者拆迁过程中，补偿的依据往往更多要考虑房屋面积，或者至少会给予宅基地面积数倍以上的补偿，这种正规化模式在珠三角地区非常普遍。

以广州为例，《广州市农村村民住宅建设用地管理规定》村民宅基地面积一般为 $80m^2$，农村村民一户只能拥有一处住宅建设用地。新批准的住宅建设用地面积按如下标准执行：平原地区 $80m^2$ 以下；丘陵地区 $120m^2$ 以下；山区 $150m^2$ 以下。即大部分村民家庭的宅基地面积为 $80m^2$。而此后颁布的《广州市农民集体所有土地征收补偿试行办法》规定，有合法产权的被征地农民的住宅房屋，按照农村村民一户只能拥有一处宅基地的法律规定，以及按照每栋或者每户村民住房 $280m^2$ 确定套内建筑面积进行复建安置或产权调换。而当被征收房屋合法产权套内建筑面积不足 $280m^2$ 的，可根据被征收房屋权利人意愿按 $280m^2$ 予以安置,不足部分由被征收房屋权利人按安置房的建安成本价购买。被征收房屋合法产权套内建筑面积超过 $280m^2$ 的，超出部分建筑面积不予复建安置或产权调换只给予货币补偿，或者也可折算成股份参与集体物业收益分红。补偿标准是宅基地面积的 3.5 倍，实际上已经非常接近村民一般房屋的实际建筑面积。

而在深圳，村民家庭合法住宅建筑面积的规定更为宽松。根据深圳市人民政府 2006 年关于印发《深圳市原村民非商品住宅建设暂行办法》的通知，规定原村民居住用地的基底面积不超过 $100m^2$，住宅建筑面积不得超过 $480m^2$。深圳的村民家庭的宅基地面积比广州多 $20m^2$，合法的建筑面积与宅基地面积的比例也到达 4.8∶1。村民的住宅建筑面积成为城市更新和其他形式拆迁补偿中需要考虑的重要标准。在 2016 年颁布的深圳市人民政府关于修改《深圳市房屋征收与补偿实施办法（试行）》的决定中，对于补偿标准事实也确认了房屋建筑面积作为产权依据的合法性，“符合原村民非商品住宅建设用地标准的，不超过建筑面积 480m^2 的部分给予产权调换，超出部分按照《实施办法》附件有关规定给予货币补偿。所建房屋建筑面积未达到 480m^2 的，可按照建筑面积 480m^2 给予产权调换，差额部分面积由被征收人按产权调换房屋的成本价购足。”

然而，以房屋面积作为城市更新或者拆迁中补偿标准的制度也非一撮而就。更多是进行非正规开发村集体、村民群体与试图对此进行约束管制的地方政府之间长期博弈、协商的结果。深圳市政府在 1986 年颁发的深府办〔1986〕411 号文有关农民个人建房标准规定中，关于村民宅基地，仍然是按照 80m^2，而合法房屋建设则是以三层为标准，也就是大约 240m^2。二者相比，不难看出本地村民合法面积比较原标准增长一倍。此外，与市场经济条件下可以交易的开发权不同，村民宅基地上房屋产权仍然是一种从属于其身份的权利。在这些权利通过更新或者其他拆迁方式正规转化为可交易的商品房之前，这种权利仍然完全无法在市场上进行交换。在《深圳市房屋征收与补偿实施办法（试行）》中规定，“如果征收人为非原村民的，不超过建筑面积 150m^2 的部分给予产权调换”，其余部分则只能给予货币补偿，其价值远远低于产权调换之后房屋的市场价值。

7.5 小结

深圳、广州和北京在城市更新方面的探索和创新为治理非正规开发提供了丰富的经验。在此基础上，如何进一步规范城市更新各方参与者行为，均衡各方利益，建立协作式的制度结构，推进非正式土地开发通过城市更新等方式转变为符合法律法规的资产。

第一，不完善的市场不应该是政府直接介入城市更新项目的直接原因，政府在城市更新中的角色需要重新定位，由“直接参与”转为“秩序保证”，由“划桨者”转变为“掌舵者”。地方政府的工作重点是要通过法规手段保证参与规则的公平合理，在项目确定、更新范围划定和政府资金支持上采用更加公开、透明和双向竞争模式规范开发商、村集体和村民行为，并使其对城市更新具有较为明确、稳定的预期。而区、镇等基层政府要负责监督各方“诚信地”行使自身权益并承担相应义务，尽量避免直接介入市场机制可以实施的城市更新项目，同时可适度参与单纯依靠市场机制难以实施，但又与城市公共利益密切相关的产业用地功能升级、高密度的城中村改造项目。

第二，完善政策实施工具，规范各方主体行为。政策目标的实现需要依靠科学合理的程序予以保障，例如，可以通过开发权转移的方式解决公共设施成本负担不均的问题；通过设定城市更新单元标准，允许多元参与者自主申请更新的方式形成多方竞争而非单方垄断；通过设定区域的保障住房贡献率，解决公共住房供给不足的问题，等等。

第三，规划编制过程中要引入自下而上的利益协商和意见反馈机制，规划实施始于规划编制，如果在规划编制过程中对于开发权益的分配和成本负担难以实现平衡的话，那么就很容易产生非正规的土地开发，在特定的场所内形成新的利益分配关系，从而导致规划难以实施。

第四，非正规的开发与正规开发所依靠的资源和保障机制不同，正规开发依据的是法律、法规，所以其开发房屋产权受到政府保护，可以在更广范围内进行交易，而非正规开发的房屋更多是依靠基于地方的社会关系和社会网络，其交易也更容易在拥有密集社会网络的人群内进行，即使有网络之外的个体进行购买，那么其也需要承担更多风险。

综上，在我国由计划经济向市场经济的转型过程中，随着市民社会的不断发展与完善，多元主体参与城市更新的局面逐渐形成，但由于尚未形成完善的治理模式，在非正规开发转化的过程中，也出现了空间增值和收益分配的不公平、不公正的现象。北京、广州与深圳等一线城市结合自身的实际情况，分别进行了不同的探索和创新，为进一步完善现有的治理机制提供了借鉴。通过法律、法规与地方习惯、风俗和社会网络之间的良性互动，更好地弥合国家和社会间围绕土地开发收益和成本负担之间的分歧，从而减少产生非正规开发的土壤，降低其发生概率。

第8章 城市非正规性的启示

城市非正规性对于理解我国当前城市的发展特征，从而采用与之相适应的管制政策和治理模式而言有着重要的意义。首先，需要改变以往对于将非正规经济活动等同于违法行为，将合法与非法截然二分的思维方式，而是要深入分析非正规经济中不同类型、不同程度的发展规律，制定与之相适应的有针对性的措施。第二，要从战略和长远角度来思考城市中非正规经济活动，避免采用“运动式”的管理方式，制度设计与灵活的日常管理手段相结合，减少非正规经济的发生概率，严格管理与适度管理相结合，降低其对城市日常运行的负面影响。第三，非正式开发产生的核心是政府、市场和社会三方对于开发权属及其收益分配难以达成共识的结果，而这一问题更多需要在规划编制阶段解决，尽可能在规划之初就纳入多方利益主体，协商讨论收益分配和成本分担。政府一方面需要制定透明规则，以使得各方有稳定的预期；另一方面，也要避免过多地直接介入具体的项目，从而影响土地资源的有效分配。接下来，本章将从非正规性、管制与治理，规划编制与非正规性，日常生活与非正规性三个角度提出城市非正规性的政策启示。

8.1 非正规性、管制与治理

非正规经济在全球各国普遍存在，但是其比重存在明显差异。这主要取决于各国的城镇化程度、管制方式，以及该国在全球经济网络中所处的地位有关系。管制的手段和方式要与其发展阶段相符，在进入全球经济网络的最初阶段，由于话语权和联系都非常有限，只能接受已有规则，依靠低成本、高强度劳动时间、灵活就业等方式融入全球经济网络，接受国际资本的盘剥。而当进入网络后，随着地位上升、影响力的增强，可以适度修改已有规则，增加就业者福利，规范本国的就业与劳动保障。过早采用强制管制手段消除非正规经济活动，可能会提高该国的用工成本，削弱其比较优势，从而影响其整体的竞争力；而过度放纵非正规经济，会使得社会失序，劳动者难以公平享受经济发展的成果，加剧社会不公平。

政府的管制能力要注重管制程度和实施能力相平衡，如果政策实施能力（如政府效率）过低，那么加强政府管制范围和干预程度（如税率、政府规模），可能对非正规经济并不会产生太多影响，反而促进了非正规经济活动，由此也带来新的不公平。因此，只有在放松管制范围的同时，提高政策实施能力，才能有效减少非正规经济规模和空间集聚。

针对非正规经济活动的流动性和监管成本过高问题，管制的方式可以更加多样、灵活和富有弹性。一方面要尽可能采用、鼓励便捷、低廉的替代产品和服务方式满足市场的需求，从而在根源上降低非正规经济发展的土壤；而另一方面，也可以采用适度正规化原则，在规定的时间、场所内允许非正规经济活动的存在，并将其规范化。规则可以由市区政府来制定，而具体的执行则应当下放到街道和社区层面，同时，市区政府要定期考核和评估。

除调整管制方式之外，地方政府还需要构建非正规经济活动治理的平台，充分运用信息化的技术、多渠道的教育和管理措施提升非正规经济就业者在既有管制架构下的公民意识和公民责任。例如，流动摊贩将经营过程中产生的垃圾自行处理并负责周围环境的保洁，并以此为条件确认其在规定时间和地点的合法经营权。此外，在有条件的行业，可以引导非正规经济经营者的自我管理，帮助其建立自我约束机制。例如，我国一些城市（如扬州市），曾在一些区域有效开展了摊贩自治的试点，既考虑了摊贩发生的合理诉求，又发挥了既有摊贩自主管理的能动性，取得了有益的管理经验。事实上，有序的城市街道摊贩，也是城市的生机和特色之一，可以让市民感受到扑面而来的城市气息。

8.2 管制、日常生活与非正规性

在日常城市管理中，既要注重城市秩序的建立和维护，同时也要注意城市中不同人群的日常生活需求和活动特征，城市，尤其是大城市，是由不同类似社区和人群组成的社会异质体，其各类社区和人群构成的丰富性、多样性既会成为促进城市分工细化、孕育城市创新、推动城市发展的持久动力，同时也是产生社会冲突、引发矛盾问题的温床。非正规性的产生正是这种城市复杂性、矛盾性的结果，保证公共秩序促进城市日常活力犹如硬币的两面，在城市管理中需要兼顾、缺一不可。如果要实现这点，需要注重以下几个方面：

第一，消除认知误区，正确认识非正规经济活动的普遍性。有些学者认为类似街边摊贩等非正规经济是发展中国家特有的现象，随着国家城镇化推进和工业部门的发展，可以消除非正规经济。早年以刘易斯为代表的二元主义理论就秉持这一观点。然而，从世界其他国家的发展历史来看，自世界劳工组织在1972 年针对肯尼亚的研究中提出非正规部门概念起，非正规经济不仅成为发展中国家城市经济的重要组成部分，并且也蔓延至发达国家，已成为全球城市普遍存在的现象。1993 年修订的联合国国民账户体系（SNA），更是将“具有利用投入、生产货物或服务产出的真实过程”的非正规经济活动纳入国民经济生产范围。

第二，非正规经济不等于非法经济，二者具有本质差异。非正规经济虽然在产品和服务的生产过程中与现有法规存在冲突，但其提供的产品确实为社会所需又无害于社会的，如早餐、蔬菜、废品回收等。但是非法经济不仅在贩卖的程序上违法，更重要的是其提供的产品对整个社会有害，如生产和销售有毒食品、劣质商品、走私货物等。

第三，非正规经济就业人群并不一定就是低收入者，处于社会边缘。非正规经济就业者通常是在结合自身教育水平、社会网络和资金实力的前提下，综合权衡正规部门和非正规部门的成本和收益做出的“理性”选择。因此，很多非正规经济就业者收入往往高于其可能从事的正规就业收入，如街边蔬菜水果摊贩实际收入可能远高于超市收银员或社区保安的工资收入。

第四，转变非正式经济治理模式，从单一化的强制管制向多元化的弹性治理转变。非正规经济是市场经济自发运行的结果，单独通过加强管理方式无法从根本上解决非正规经济问题，反而可能引起一些冲突。因此，政府部门一方面要考虑非正规经济就业者对城市空间的合理诉求和基本权利，通过预留经营空间、分时弹性管理等方式引导其融入制度化的城市政府管制架构内。另一方面，政府部门应通过多渠道的教育和管理措施提升非正规经济就业者在既有管制架构下的公民意识和公民责任。例如，流动摊贩将经营过程中产生的垃圾自行处理并负责周围环境的保洁，并以此为条件确认其在规定时间和地点的合法经营权。

第五，打破非正规经济就业者在“市民化”过程中的制度瓶颈。由于非正规经济就业者不存在合法的劳动合同，也不缴纳各种税费，多居住地下室或城中村，因此，政府部门应探索完善对非正规经济就业者的各种登记备案制度。例如，为非正规经济就业者的从业项目办理简易工商登记，将其纳入正规经济中；城市管理部门为他们提供多种服务，化解矛盾；社保部门尝试为他们建立缴纳和异地转接社会保险机制；税务部门对弱势经营者实行税费减免等。在“市民化”的制度设计框架中不应遗漏非正规经济部门的就业者，要使他们能够融入到城镇体系中，但又充分考虑这部分群体的工作性质和特点。

第六，需要重新审视城市非正规经济存在的长期性。根据诺瑟姆曲线，城镇化率在 30% ~ 60% 是城市化加速发展时期，而部分东亚国家（如韩国）城镇化率达到 65% ~ 70% 时，城镇化速度才放缓。我国目前城镇化率约 58%，按照我国现有城镇化率年均增长 0.8% ~ 1% 计算，未来 15 ~ 20 年，我国将有大量人口由农村转移至城镇，人口结构仍然处于快速变化时期。非正规经济部门将是流动人口向更高效率的正规经济部门转移的起点和平台，同时也成为城市解决新流入人口就业问题的载体。非正规经济部门将会在城市中较长时期地存在，但只要辅以宽松的环境和有效的管理制度，非正规经济部门是完全可以为消除贫困、改善社会流动人口生活状态、增加居民收入发挥积极作用的，最终使流动人口实现充分市民化。

8.3 规划与非正规性

传统的理性规划中，规划编制和规划实施之间往往被认为是承接关系，先编制后实施，规划编制的终点是规划实施的起点，规划两个环节被视为相互独立和分离的线性过程，规划编制基于科学、理性的技术分析。然而，这种自上而下的规划编制往往与自下而上地方的传统习惯相违背，规划内容也没有充分反映各方的社会需求。在实施中，这种基于技术理性的规划往往不能反映现实的社会问题和公众需要，由此也产生了与规划相悖的非正规土地开发。为了减少非正规开发，需要编制可实施的规划，规划需要源于社会问题和公众需要，规划的编制要提前考虑如何通过规划实施来解决问题，规划实施是规划编制的直接目的，规划实施始于规划编制（叶裕民等，2016）。

在规划编制和实施过程中，要充分理解城乡结合部土地开发权背后，基于地域的复杂社会关系，从而更好地将这些关系纳入正规的法律、法规和规划文本中，以增加规划的可实施性和确定性，形成较为清晰、明确、稳定的土地产权制度。具体政策包括：第一，涉及集体用地的规划，在编制之初，就要考虑实施中的权益分配问题，利益分配比例和方式应在遵守国家法律、法规的前提下，充分考虑村集体的村规、民约和习惯，将规划编制过程作为自上而下的法规与自下而上的地方习惯的交流平台，最终形成适合地方、可实施的规划成果。第二，规划编制中要整合不同维度的政策目标，详细估算政策目标实现需要的社会、经济成本，防止出现过度偏向单一目标，而导致社会整体成本上升、城市系统紊乱的后果。第三，细化集体用地的补偿标准，补偿时不仅要考虑原有集体土地的面积，还要综合考虑土地的历史条件、区位、经济收益等综合因素，通过计算、分配和转移开发权方式，在村集体、村小组和村民之间形成相对公平、精细化的收益和成本负担机制。

如何使非正规开发“正规化”，不仅要充分理解其产生的制度、社会因素，还需要考虑其背后利益相关者产权意识的变化。正规化过程既不完全基于以效率优先的市场机制，也非完全自上而下按“人头”通过行政手段进行分配，而是需要融合效率与公平，考虑非正规开发产生的历史背景和现实需求，其中难点在于建立协作机制和结构约束力的转化机制，协调多方的利益，实现有效的集体行动。除此之外，培育相互信任与尊重的社会氛围也极为重要，善于沟通、达成共识的良好习惯是消除非正规开发建设可贵的社会资本。城市规划作为空间领域的政策工具，应该走出技术的“象牙塔”，走入实践前沿，在政府、市场与社会之间担当沟通者与协调者的角色，促使各参与者为了地区的整体利益而理性地竞争与博弈，在规则框架内开展集体行动，消除和转化非正规开发。

附录

宅基地相关政策汇编

时间	文件	相关内容
1949 年	《中国人民政治协商会议共同纲领》	开始对土地所有制进行变革
1950 年	《土地改革法》	系统阐述土地所有制变革方针和路线：没收地主土地，分给无地、少地农民，颁发所有权证、承认农民的土地私有
1950 年	《关于填发土地房产所有证的指示》	土改完成地区，颁发土地房产所有证
1954 年	《宪法》	从国家宪法层面确认了土地所有制
1956 年	《高级农业生产合作社示范章程》	明确社员原有房屋宅基地不入社
1962 年	《农村人民公社工作条例修正草案》	明确宅基地归生产对集体所有，房屋归个人所有，标志着农民失去宅基地的所有权，只有使用权
1963 年	《关于各地对社员宅基地问题作一些补充规定的通知》	明确“地随房走”的原则，即房屋出卖后，宅基地的使用权即随之转移给房主；“宅基地使用权”第一次出现在政府文件中
1978 年	《农村人民公社工作条例（试行草案）》	要求建设居民点统一规划
1981 年	《关于制止农村建房侵占耕地的紧急通知》	再次强调了农民只享有宅基地的使用权
1982 年	《宪法》	以宪法形式确认宅基地归集体所有
1982 年	《村镇建房用地管理条例》	第一次从制度上确认，其他非农村集体内的人可获得宅基地使用权
1986 年	《土地管理法》	从法律确认，城镇非农业户口居民可以在批准和支付费用的前提下获得宅基地使用权
1988 年	《宪法》《土地管理法》	明确土地使用权可以转让，为宅基地转让提供了法律依据
1989 年	《关于确定土地权属问题的若干意见》	按照地随房走的原则，如果房子出售给非本集体的人或集体，则该宅基地性质发生变化，不再是集体土地，而成为国有土地

续表

时间	文件	相关内容
1998年	《土地管理法》	城镇居民原始取得宅基地使用权被禁止，只有农民可取得宅基地使用权，但未禁止城镇居民在农村购买房屋
1998年	《土地管理法实施条例》	明确地上建筑物转移须变更土地使用权
1999年	《关于加强土地转让管理严禁炒卖土地的通知》	禁止农村宅基地和住宅流向城市居民
2004年	《关于深化改革严格土地管理的决定》	禁止集体土地用于非农业建设
2004年	《关于加强农村宅基地管理的意见》	严禁城镇居民在农村购置宅基地
2004年	《国务院关于深化改革严格土地管理的决定》	开始实施增减挂钩政策，通过建新拆旧和土地整理复垦等措施，将宅基地转化为城市建设用地
2007年	《关于严格执行有关农村集体建设用地法律和政策的通知》	农村住宅用地只能分配给本村村民，禁止集体所有土地进行房地产开发
2007年	《物权法》	明确了宅基地的用益物权，推动了农村宅基地流转
2008年	《房屋登记办法》	非本集体人员受让村民住房不予登记
2008年	《国务院关于促进节约集约用地的通知》	开始以奖励腾退的方式解决一户多宅问题
2013年	《中共中央关于全面深化改革若干重大问题的决定》	保障宅基地用益物权，完善宅基地制度，建立农村产权流转交易市场
2014年	《关于全面深化农村改革加快推进农业现代化的若干意见》	明确改革农村宅基地制度

参考文献

［1］ ALCHIAN A，DEMSETZ H. The Property Right Paradigm [J]. The Journal of Economic History .1973，33（1）：16-27.

［2］ AKINDLELE S，GIDADO T，OLAOPP O. Globalisation，Its Implications and Consequences for Africa[J]. Journal of Globalisation. 2002，2（1）：23-38.

［3］ BILES J J. Informal Work in Latin America：Competing Perspectives and Recent Debates [J]. Geography Compass，2009，3（1）：2214-236.

［4］ BOLLEN K. World System Position，Dependency，and Semocracy：The Cross-National Evidence [J]. American Sociological Review. 1983，48：468-479.

［5］ BOLLEN K，APPOLDS. National Industrial Structure and the Global System[J]. American Sociological Review. 1993，58：283-301.

［6］ BOYER R，DRACHE D. States Against Markets：The Limits of Globalisation [M]. London：Routledge. 1996.

［7］ BRAZEL Y. Economic Analysis of Property Right [M]. Cambridge：Cambridge University Press，1997.

［8］ BROMLEY R. Street Vending and Public Policy：A Global Review [J]. International Journal of Sociology and Social Policy，2000，20（1/2）：1-29.

［9］ BUEHN A. The Shadow Economy in German Regions：An Empirical Assessment [J]. German Economic Review，2011，13（3）：275-290.

［10］ BUEHN A，SCHNEIDER F. Shadow Economies around the World：Novel Insights，Accepted Knowledge，and New Estimates [J]. International Tax and Public Finance，2012，19（1）：139-171.

[11] BROMLEY R, MACKIE P. Displacement and the New Spaces for Informal Trade in the Latin American City Centre [J]. Urban Studies, 2009, 46 (7): 1485-1506.

[12] CAI Y. 2003. Collective Ownership or Cadres' Ownership ? The Non-Agricultural Use of Farmland in China[J]. The China Quarterly, 175 (3): 662-680.

[13] CARR M, CHENMA. Globalization and the informal economy: how global trade and investment impact on the working poor[R]. WIEGO working paper, Women in Informal Employment Globalizing and Organizing. 2001.

[14] CASTELLS M. The Rise of the Network Society [M]. Oxford: Blackwell. 1996.

[15] CASTELLS M, PORTES A. World Underneath: The Origins, Dynamics, and Effects of the Informal Economy [M]. in Alejandro Portes, Manuel Castells and Lauren Benton (eds). The Informal Economy: The Study in Advanced and Less Developed Countries. Baltimore: The John Hopkins University Press. 1989.

[16] CERNY P, EVANS M. Globalisation and Public Policy under New Labour[J]. Policy Studies, 2004, 25 (1): 51-65.

[17] CHEN G, HAMORI S. Formal and informal employment and income differentials in urban China [J]. Journal of International Development, 2013 (25): 987-1004.

[18] CHEUNG N. Private Property Rights and Sharecropping [J]. Journal of Political Economy, 1968, 76 (6): 1107-1122.

[19] COLIN C W, MARK A L, Informal employment in developed and developing economies: Perspectives and policy responses [J]. International Labour Review, 2013, 152 (3-4): 355-380.

[20] CROUCH C. Post-Democracy[M]. Cambridge: Polity Press. 2004.

[21] DEVLIN R. "An Area That Governs Itself": Informality, Uncertainty and the Management of Street Vending in New York City[J]. Planning Theory, 2011, 10

（1）：53-65.

［22］ DOKMECI V，YAZGI B，OZUS E. Informal Retailing in a Global Age：The Growth of Periodic Markets in Istanbul，1980-2002 [J]. Cities，2006，23（1）：44-55.

［23］ DURST N，WEGANN J. Informal Housing in the United States [J]. International Journal of Urban and Regional Research，2017，41（2）：282-297.

［24］ EILAT Y，ZINNES C. The shadow economy in transition countries：friend of foe? A policy perspective [J]. World Development，2002（7）：1233-1254.

［25］ ELGIN C，OYVAT C. Lurking in the cities：Urbanization and the informal economy [J]. Structural Change and Economic Dynamics，2013（27）：36-47.

［26］ ELSHESHTAWY Y. Where the sidewalk ends：Informal street corner encounters in Dubai [J]. Cities，2012，31（4）：382-393.

［27］ FAFCHAMPS M. Market Institutions in Sub-Saharan Africa：Theory and Evidence，vol 1[J]. Marcel Fafchamps，2004.

［28］ FRIEDMAN E，JOHNSON S，KAUFMANN D，LOBATON P Z. Dodging the grabbing hand：the determinants of unofficial activity in 69 countries [J]. Journal of Public Economics，2000（76）：459-493.

［29］ GAZDAR H，MALLAH H. Informality and Political Violence in Karachi[J]. Urban Studies，2013，50（15）：3099-3115.

［30］ GERXHANI K. The informal sector in developed and less developed countries：A literature survey [J]. Public choice，2004（120）：267-300.

［31］ GIDDENS A. The Consequences of Modernity[M]. Cambridge：Polity Press. 1990.

［32］ GRAY J. After Social Democracy [M]. London：Demos，1996.

［33］ HART K. Informal income opportunities and urban employment in Ghana [J]. Journal of Modern African Studies，1973（11）：61-89.

[34] HELD D，MCGREW A，GOLDBLATT D，PERRATON J. Global Transformations [M]. Cambridge：Polity Press. 1999.

[35] HIRST P，THOMPSON G. Globalisation in Question. The International Economy and the Possibilities of Governance [M]. Cambridge：Polity Press，1996.

[36] HO P. Institutions in Transition：Land Ownership，Property Rights and Social Conflict in China [M]. New York：Oxford University Press，2005.

[37] HO P. Myths of tenure security and titling：Endogenous，institutional change in China’s development [J]. Land Use Policy，2015（47）：352-364.

[38] HO P，LIN G C S. Emerging Land Markets in Rural and Urban China：Policies and Practices [J]. The China Quarterly，2003（175）：681-707.

[39] ILO. Guidelines concerning a statistical definition of informal employment [Z]. Geneva：ILO，2003.

[40] JONASSONE. Informal Employment and the Role of Regional Governance [J]. Review of Development Economics，2011，15（3）：429-441.

[41] JOHNSON S，KAUFMANN D，LOBATON P Z. Regulatory Discretion and the Unofficial Economy [J]. American Economic Review，1998，88（2）：387-392.

[42] KARLINGER L. The Underground Economy in the Late 1990s：Evading Taxes，or Evading Competition [J]. World Development，2009，37（10）：1600-1611.

[43] KUDVA N. The Everyday and the Episodic：The Spatial and Political Impacts of Urban Informality[J]. Environment and Planning A，2009，41（7）：1614-28.

[44] KUS B. Regulatory governance and the informal economy：cross-national comparisons [J]. Socio-Economic Review，2010（8）：487-510.

[45] LEFEBVRE H. The Production of Space [M].Cambridge，Massachusetts：Blackwell. 1991.

[46] LEWIS W A. Economic development with Unlimited Supplies of Labor [J]. The Manchester School, 1954, 22 (2): 139-191.

[47] LOMBARD F. Screening foreign direct investment in LDCs: Empirical findings of the Colombian Case (1967-1975) [J]. Journal of international business studies, 1978: 66-80.

[48] MAZZOLARRI, RAGUSA. Spillovers from High-Skill Consumption to Low-Skill Labor Markets [Z]. IZA working paper no.3048, 2007.

[49] MORENO-Monroy A. Critical Commentary. Informality in Space: Understanding Agglomeration Economics during Economic Development [J]. Urban Studies, 2012, 49 (10): 2019-2030.

[50] MORETTI E. Local Multipliers [J]. The American Economic Review, 2010, 10 (2): 373-377.

[51] MUKHIJA V, LOUKAITOU-SIDERIS. The Informal American City: Beyond Taco Trucks and Day Labor [M].Cambridge, Massachusttts: The MIT Press, 2014.

[52] MUKHIJA V, LOUKAITOU-SIDERIS A. Reading the Informal City: Why and How to Deepen Planners' Understanding of Informality[J]. Journal of Planning Education and Research, 2015, 35 (5): 444-54.

[53] PORTES A, SASSEN S. Making It Underground: Comparative Material on the Informal Sector in Western Market Economies [J]. American Journal of Sociology, 1987, 93 (1): 30-61.

[54] ROBERTS A. Peripheral accumulation in the world economy: A cross-national analysis of the informal economy [J]. International Journal of Comparative Sociology, 2014, 54 (5-6): 420-444.

[55] ROBERTS A. Globalization and Industrial Relations in Affluent Democracies, 1970-

2005: A Cross-National Analysis of Corporatism and Industrial Conflict [M]. In Christian Suter and Christopher Chase-Dunn（eds）. World Society Studies. Berlin: Lit Publishing，2014.

[56] ROY A. Urban Informality: Toward an Epistemology of Planning [J]. Journal of American Planning Association，2005，71（2）: 147-58.

[57] ROY A. Why India Cannot Plan Its Cities: Informality，Insurgence and the Idiom of Urbanization[J]. Planning Theory，2009，8（1）: 76-87.

[58] RUIGROK W. VAN TULDER R. The Logic of International Restructuring [M]. London: Routledge，1996.

[59] RUPERT M. Ideologies of Globalisation: Contending visions of a New World Order [M]. London: Routledge，2000.

[60] SARGESON S. Subduing "The Rural House-building Craze": Attitudes towards Housing Construction and Land Use Controls in Four Zhejiang Villages[J]. The China Quarterly，2002（172）: 927-955.

[61] SCHNEIDER F. Shadow economies around the world: what do we really know [J]. European Journal of Political Economy，2005（21）: 598-642.

[62] SCHNEIDER F，BUEHN A，MONTENEGRO C. New estimates for the shadow economies all over the world [J]. International Economic Journal，2010，21（4）: 443-461.

[63] SCHNEIDER F. Handbook on the Shadow Economy [M]. Cheltenham: Edward Elgar，2011.

[64] SCHNEIDER F. Shadow economies around the world: what do we really know [J]. European Journal of Political Economy，2005（21）: 598-642.

[65] SCHINDLER S. Producing and Contesting the Formal/informal Divide: Regulating

Street Hawking in Delhi，India [J]. Urban Studies，2013，51（12）：2596-2612.

［66］ SKOCPOL T. Wallerstein's World Capitalist System：A Theoretical and Historical Critique [J]. American Journal of Sociology，1977，82（5）：1075-1090.

［67］ SMART A，TANG W. Irregular trajectories：Illegal building in mainland China and Hong Kong in Laurence J.C.Ma and Fulong Wu（eds）. Restructuring the Chinese City Changing society，economy and space [M]. Abingdon，Oxon：Routledge，2014.

［68］ SNYDER D，KICK E L. Structural position in the world system and economic growth，1955-1970：A multiple-network analysis of transnational interactions[J]. American Journal of Sociology，1979，84（5）：1096-1126.

［69］ SOTO D. The Other Path [M]. New York：Harper & Row，1989.

［70］ STEEL G. Whose Paradise? Itinerant Street Vendors' Individual and Collective Practices of Political Agency in the Tourist Streets of Cusco，Peru[J]. International Journal of Urban and Regional Research，2012，36（5）：1007-1021.

［71］ TANG W，CHUNG H. Rural-urban transition in China：Illegal land use and construction [J]. Asia Pacific Viewpoint，2002，43（1）：43-62.

［72］ TIAN，Li. The Chengzhongcun Land Market in China：Boon or Bane? - A Perspective on Property Rights [J]. International Journal of Urban and Regional Research，2008，32（2）：282-304.

［73］ TORGLERB S. The impact of tax morale and institutional quality on the shadow economy [J]. Journal of Economic Psychology，2009，30（2）：228-245.

［74］ TIAN L，MA Y. Government Intervention in City Development of China：A Tool of Land Supply [J]. Land Use Policy，2009，26（3），599-609.

［75］ TURNER J. Housing by People：Towards Autonomy in Building Environments[M]. London：Boyars，1976.

[76] WALLERSTEIN I. The modern World System I: Capitalist Agriculture and the Origins of the European World-Economy in the Sixteenth Century[M]. New York: Academic Press, 1974.

[77] WANG H, SU F, WANG L, TAO R. Rural Housing Consumption and Social Stratification in Transitional China: Evidence from a National Survey[J]. Housing Studies, 2012, 27 (5): 667-684.

[78] WEBSTER C, LAI L. Property Rights, Planning and Markets: Managing Spontaneous Cities[M]. Cheltenham: Edward Elgar, 2003.

[79] WEGMANN J, MAWHORTER S. Measuring Informal Housing Production in California Cities [J]. Journal of the American Planning Association, 2017, 83 (2): 119-30.

[80] WISEMAN J. Global Nation? Australia and the Politics of Globalisation[M]. Cambridge: Cambridge University Press, 1998.

[81] WU F, ZHANG F, WEBSTER C. Informality and the Development and Demolition of Urban Villages in the Chinese Peri-urban Area[J]. Urban Studies, 2013, 50 (10): 1919-1934.

[82] WILLIAMS C C, LANSKYM A. Informal employment in developed and developing economies: Perspectives and policy responses [J]. International Labour Review, 2013, 152 (3-4): 355-380.

[83] WISEMAN J. Global Nation? Australia and the Politics of Globalisation[M]. Cambridge: Cambridge University Press, 1998.

[84] YEO S, HEE L, CHYE K. Urban Informality and Everyday (Night) Life : A Field Study in Singapore[J]. International Development Planning Review, 34 (4): 369-90.

[85] ZHANG L, LI Y, WANG S. Is social capital eroded by the state-led urbanization

in China? A case study on indigenous villagers in the urban fringe of Beijing[J].China Economic Review，2015（35）：232-246.

［86］ ZHANG L，CHEN J，YE Y. Urbanization and Housing Differentiation in Indigenous Villagers：A Case Study of Guangzhou [J]. Land use policy，2016（58）：32-42.

［87］ ZHANG L，CHENJ，TOCHEN R. Shifts in Governance Modes in Urban Redevelopment：A Case Study of Beijing's Jiuxianqiao Area [J]. Cities，2015（53）：61-69.

［88］ ZHANG T. Urban Development and a Socialist Pro-Growth Coalition in Shanghai [J]. Urban Affairs Review，2002，37（4）：475-499.

［89］ ZHANG Y，FANG K. Is History Repeating Itself ? From Urban Renewal in the United States to Inner-City Redevelopment in China [J]. Journal of Planning Education and Research，2004，23（3）：286-298.

［90］ ZHAO Y，WEBSTER C. Land Dispossession and Enrichment in China's Suburban Villages[J]. Urban Studies，2011，48（3），529-551.

［91］ ZHU J. Local Growth Coalition：The Context and Implications of China's Gradualist Urban Land Reforms [J]. International Journal of Urban and Regional Research，1999，23（3）：534-548.

［92］ ZUO H. Formal and Informal Employment in China：Probability of Employment and Determinants of Monthly Wages [J]. The Australian Economic Review，2013，46（4）：405-423.

［93］ 北京市规划设计研究院．北京中心城专业市场疏解后用地梳理与再规划研究 [R]. 2015.

［94］ 陈晶，张磊．城乡结合部农村居民点演变机制与案例分析——新制度主义视角的研究 [J]. 城市发展研究，2014（9）：18-23.

［95］ 陈志刚，王青，赵小风等．中国土地违法现象的空间特征及其演变趋势分析 [J].

资源科学，2010（7）：1387-1392.

［96］ 杜立群，和朝东．北京非首都功能疏解若干问题的思考 [J]. 上海城市规划，2015（6）：17-20.

［97］ 冯晓英．北京重点村城市化建设的实践与反思 [J]. 北京社会科学，2013（6）：56-62.

［98］ 葛嘉．街头无照经营问题的现状与管理对策——以北京为例 [D]. 中国人民大学，2010.

［99］ 何为，黄贤金．半城市化：中国城市化进程中的两类异化现象研究 [J]. 城市规划学刊，2012（2）：24-32.

［100］ 赫尔曼·哈肯．协同学：大自然构成的奥秘 [M]. 上海：上海译文出版社，2005.

［101］ 贺雪峰．论乡村治理内卷化——以河南省 K 镇调查为例 [J]. 开放时代，2011（2）：86-101.

［102］ 胡鞍钢，马伟．现代中国经济社会转型：从二元结构到四元结构（1949-2009）[J]. 清华大学学报（哲学社会科学版），2012（1）：16-29.

［103］ 胡鞍钢，赵黎．我国转型期城镇非正规就业与非正规经济（1990-2004）[J]. 清华大学学报（哲学社会科学版），2006（3）：111-119.

［104］ 黄耿志，薛德升．国外非正规部门研究的主要学派 [J]. 城市问题，2011（5）：85-90.

［105］ 黄宗智．中国被忽视的非正规经济：现实与理论 [J]. 开放时代，2009（2）：51-73.

［106］ 黄宗智．重新认识中国劳动人民——劳动法规的历史演变与当前的非正规经济 [J]. 开放时代，2013（5）：56-73.

［107］ 顾朝林，克斯特洛德．北京社会极化与空间分异研究 [J]. 地理学报，1997（5）：3-11.

［108］ 李金昌，刘波，徐蔼婷．中国贸易开放的非正规就业效应研究 [J]. 中国人口科学，2014，34（4）：35-45.

［109］ 李强，唐壮．城市农民工与城市中的非正规就业 [J]. 社会学研究，2002（6）：13-25.

［110］ 李志刚，吴缚龙．转型期上海社会空间分异研究 [J]. 地理学报，2006（2）：199-211.

［111］ 刘军．整体网分析讲义 UCINET 软件实用指南 [M]. 上海：世纪出版集团，2009.

［112］ 陆铭，高虹，佐藤宏．城市规模与包容性就业 [J]. 中国社会科学，2012（10）：47-66.

［113］ 陆汝成，黄贤金．中国省域违法占用耕地的空间效应 [J]. 中国人口·资源与环境，2011，21（11）：86-91.

［114］ 吕传廷．广州城市化与村庄发展研究 [R].2016.

［115］ 马良灿．地权是一束权力关系 [J]. 中国农村观察，2009（2）：25-33.

［116］ 庞宇琦，薛德升，王德．流动摊贩的分布特征及营业空间界面影响分析——以广州中山大道西路段为例 [J]. 人文地理，2012（2）：56-61.

［117］ 沈体雁，冯等田，孙铁山．空间计量经济学 [M]. 北京：北京大学出版社，2010：32-35.

［118］ 石贝贝，王金营．人口发展变化对区域消费影响的实证研究——基于我国省级区域的数据 [J]. 人口研究，2014，38（1）：77-89.

［119］ 石磊，谢剑波与喻娇．从我国流动摊贩的历史沿革观其存在的合理性 [J]. 现代商业，2010（17）：154-155.

［120］ 孙立平．中国进入利益博弈时代 [J]. 经济研究参考，2005（68）：2-4.

［121］ 田先红，陈玲．"阶层地权"：农村地权配置的一个分析框架 [J]. 管理世界，2013（9）：69-88.

［122］ 田莉，戈壁青．转型经济中的半城市化地区土地利用特征和形成机制研究 [J]. 城市规划学刊，2011（3）：66-73.

［123］ 田莉，戈壁青，李永浮．1990 年以来上海半城市化地区土地利用变化——时空特征和影响因素研究 [J]. 城市规划，2014，38（6）：17-23.

［124］ 薛德升，黄耿志．管制之外的"管制"：城中村非正规部门的空间集聚与生存状

态——以广州市下渡村为例 [J]. 地理研究，2008（6）: 1390-1398.

[125] 薛德升，林韬，黄耿志 . 珠三角外向型制造业非正规部门的形成发展机制——以广州市狮岭镇皮具产业为例 [J]. 地理研究，2014，33（4）: 698-709.

[126] 薛德升，林婷，FRAUKE K，PAMELA K. 珠江三角洲世界工厂的非正规职业中介及其作用——以广东省东莞市塘厦镇为例 [J]. 地理研究，2010（10）: 1793-1801.

[127] 薛德升，王立 . 1978 年以来中国城市地理研究进展 [J]. 地理学报，2014，69（8）: 1117-1129.

[128] 夏丽丽，赵耀龙，欧阳军，刘望保 . 城中村制造业空间集聚研究——以广州康乐村服装生产企业为例 [J]. 地理研究，2012，31（7）: 1294-1304.

[129] 徐蔼婷，李金昌 . 非正规部门生产规模的估算：劳动力投入分析法 [J]. 经济学家，2008（6）: 118-120.

[130] 薛进军，高文书 . 中国城镇非正规就业：规模、特征和收入差距 [J]. 经济社会体制比较，2012（6）: 59-69.

[131] 王春光 . 农村流动人口的“半城市化”问题研究 [J]. 社会学研究，2006（5）: 107-122.

[132] 王贵友 . 从混沌到有序——协同学简介 [M]. 湖北：湖北人民出版社，1987.

[133] 王曼 . 北京务工型流动人口消费行为及策略选择 [J]. 北京工商大学学报（社会科学版），2004，19（3）: 37-39，56.

[134] 王永兴，景维民 . 中国非正规经济规模的实证研究 [J]. 统计研究，2010，27（11）: 17-23.

[135] 魏立华，阎小培 . 中国经济发达地区城市非正式移民聚居区——“城中村”的形成与演进——以珠江三角洲诸城市为例 [J]. 管理世界，2005（8）: 48-57.

[136] 吴要武 . 非正规就业者的未来 [J]. 经济研究，2009（7）: 91-106.

[137] 吴要武，蔡昉 . 中国城镇非正规就业：规模与特征 [J]. 中国劳动经济学，2006（2）: 67-84.

［138］ 薛进军，高文书 . 中国城镇非正规就业：规模、特征和收入差距 [J]. 经济社会体制比较，2012（6）：59-69.

［139］ 闫海波，陈敬良，孟媛 . 非正规就业部门的形成机理研究：理论、实证与政策框架 [J]. 中国人口·资源与环境，2013，23（8）：81-89.

［140］ 姚洋 . 中国农地制度：一个分析框架 [J]. 中国社会科学，2000（2）：54-65.

［141］ 尹晓颖，闫小培，薛德升 . 国外非正规部门研究进展 [J]. 地理学科进展，2010，29（12）：1479-1489.

［142］ 叶裕民 . 中国城市化之路——经济支持与制度创新 [M]. 北京：商务印书馆，2001.

［143］ 叶裕民 . 中国统筹城乡发展的系统架构与实施路径 [J]. 城市规划学刊，2013（1）：1-9.

［144］ 叶裕民 . 特大城市包容性城中村改造理论架构与机制创新——来自北京和广州的考察与思考 [J]. 城市规划，2015，39（08）：9-23.

［145］ 臧得顺 . 臧村“关系地权”的实践逻辑——一个地权研究分析框架的构建 [J]. 社会学研究，2012，27（1）：78-105.

［146］ 张磊 . 流动摊贩类型及其经营规律研究——以北京市朝阳区为例 [J]. 城市问题，2013（5）：72-76.

［147］ 张磊，邓超源 . 基于绩效视角的规划实施案例分析——以北京中心城区专业市场疏解为例 [J]. 城乡规划，2017（2）：25-32.

［148］ 张磊，叶裕民，王海龙 . 规划协同及其对复杂城市系统的影响——以北京市海淀区城乡结合部为例 [J]. 规划师，2013（12）：22-26.

［149］ 张静 . 土地使用规则的不确定：一个解释框架 [J]. 中国社会科学，2003（1）：113-124.

［150］ 张京祥，胡毅 . 基于社会空间正义的转型期中国城市更新批判 [J]. 规划师，2012（12）：5-9.

[151] 张延吉，张磊 . 城镇非正规就业与城市人口增长的自组织规律 [J]. 城市规划，2016，40（10）：9-16.

[152] 张延吉，张磊 . 中国非正规就业的形成机制及异质性特征——兼论三大理论的适用性 [J]. 人口学刊，2017，39（2）：88-99.

[153] 张延吉，张磊，吴凌燕 . 基于集聚经济的流动商贩空间结构研究——以北京市朝阳区为例 [J]. 城市发展研究，2014（4）：89-93.

[154] 张延吉，张磊，吴凌燕 . 基于集聚经济的流动商贩空间结构研究——以北京市朝阳区为例 [J]. 城市发展研究，2014，21（4）：86-91.

[155] 张延吉，张磊，吴凌燕 . 流动摊贩的空间分布规律及其影响因素——以北京市甘露园社区为例 [J]. 城市问题，2014（8）：81-85.

[156] 张延吉，张磊，吴凌燕 . 非正规就业视角下的制造业空间重构——基于 2000、2010 年地级及以上城市的实证研究 [J]. 人文地理，2016，31（3）：102-108.

[157] 张延吉，张磊，吴纳维 . 城市建成环境对流动商贩空间分布的影响——兼议摊贩疏导区的规划选址 [J]. 人文地理，2017，32（5）：76-82.

[158] 郑艳婷,刘盛和,陈田 . 试论半城市化现象及其特征——以广东省东莞市为例 [J]. 地理研究，2003（6）：760-768.

[159] 周国富 . 国外测算非正规经济的各种方法及其观点综述——兼论如何测算我国的非正规经济规模 [J]. 统计研究，1999（4）：47-51.

[160] 周航，胡钢 . 北京市街头游商治理对策研究——以贩卖盗版及非法出版物游商为例 [J]. 城市问题，2008（1）：82-86.

[161] 周雪光 . “关系产权”：产权制度的一个社会学解释 [J]. 社会学研究，2005（2）：1-31.